A. Lirens

DEIXE IR

Libertando-se dos pensamentos ruins

Escrito por

Alexander Lirens

Contribuição:

Costa Ling

Capa:

Brodie

Licença:

Creative Commons

ISBN 978-65-00-72737-1

São Paulo, Brasil

Índice

Agradecimentos

É com imensa alegria e gratidão que começo este livro, sabendo que estou prestes a embarcar em uma jornada significativa e transformadora ao seu lado. Antes de mergulharmos nas páginas que se seguem, gostaria de expressar meus mais profundos agradecimentos a todas as pessoas que tornaram possível a realização desta obra.

Agradeço, em primeiro lugar, às pessoas cujas histórias e experiências moldaram a minha própria jornada. Vocês foram meus professores e guias, ensinando-me lições valiosas sobre superação, resiliência e crescimento pessoal. Sou grato por ter cruzado seus caminhos e por ter tido a oportunidade de aprender com suas sabedorias únicas. Gostaria de estender minha gratidão aos profissionais, que desempenharam um papel vital na concretização deste projeto.

Por último, mas certamente não menos importante, agradeço a você, caro leitor, por embarcar nesta jornada comigo. É uma honra poder compartilhar minhas reflexões, aprendizados e perspectivas com alguém tão receptivo e disposto a crescer. Espero que as palavras presentes neste livro sejam um farol de luz em sua própria jornada de autodescoberta e transformação.

Que este livro seja uma fonte de inspiração, sabedoria e empoderamento para você. Que ele o ajude a nutrir pensamentos saudáveis, a liberar-se dos pensamentos ruins e a abraçar plenamente o presente e o futuro com confiança e gratidão.

Introdução

Ao longo da minha vida, tive a incrível oportunidade de cruzar o caminho de professores excepcionais que me ensinaram lições valiosas sobre a mente e a vida. Ouvindo atentamente suas palavras e absorvendo seus ensinamentos, fui inspirado a seguir uma jornada de autoconhecimento e transformação.

Desde muito cedo, desenvolvi uma paixão pelo conhecimento e uma curiosidade insaciável sobre a natureza dos pensamentos e das emoções. No entanto, como qualquer pessoa, também tive momentos de questionamentos e incertezas ao longo do meu percurso. Mas, em vez de me deter nessas dúvidas, decidi explorar a fundo o meu potencial de crescimento pessoal e buscar respostas para as questões que me afligiam.

Combinando as minhas próprias experiências com as lições que aprendi ao longo do caminho, desenvolvi um método transformador para liberar os pensamentos ruins e encontrar um caminho para uma vida plena. Acredito profundamente no poder do autodomínio, da autocompaixão e da busca constante por uma mente saudável e equilibrada.

"Deixe Ir: Libertando-se dos Pensamentos Ruins" é o resultado de anos de estudo, prática clínica e a jornada pessoal que trilhei. Neste livro, compartilho com você ferramentas práticas, reflexões profundas e uma mensagem de esperança. É um convite para que você descubra o seu próprio potencial de transformação e abrace uma vida mais feliz, gratificante e significativa. Juntos, podemos encontrar a paz de espírito da mente em um mundo nada fácil e conquistar a felicidade que tanto merecemos.

Este livro oferece um guia prático para superar os maus pensamentos, cultivar uma mente saudável e alegre, e encontrar o caminho para superar a tristeza e a depressão. Com uma abordagem empática e baseada em evidências, apresento métodos eficazes para transformar padrões negativos de pensamento em uma perspectiva positiva e construtiva.

Ao longo das páginas deste livro, você encontrará estratégias comprovadas para identificar, desafiar e substituir os pensamentos tóxicos que alimentam a tristeza e a depressão. Com exercícios práticos, reflexões profundas e orientações passo a passo, o objetivo é guiar o leitor em uma jornada de autodescoberta, autocuidado e transformação pessoal.

I

Identificando Pensamentos Negativos

Identificar pensamentos ruins é uma habilidade fundamental no processo de transformação pessoal e conquista de uma mente mais saudável e equilibrada. No primeiro capítulo abordo a importância de reconhecer e compreender os padrões negativos de pensamento que podem minar nosso bem-estar emocional.

A ciência e a medicina têm se dedicado cada vez mais a entender a influência dos pensamentos na saúde mental e emocional das pessoas. A identificação de pensamentos ruins é um aspecto importante nesse contexto, e há várias abordagens científicas e terapêuticas que exploram esse tema.

A terapia cognitivo-comportamental (TCC), por exemplo, é uma abordagem amplamente reconhecida na psicologia que se concentra na identificação e na modificação de pensamentos negativos e disfuncionais. Através da TCC, os terapeutas ajudam os pacientes a identificar e desafiar crenças limitantes, substituindo-as por pensamentos mais realistas e positivos.

Além disso, a neurociência também oferece reflexões sobre como identificar pensamentos ruins. Estudos mostram que certas áreas do cérebro estão envolvidas na geração e na regulação dos pensamentos, como o córtex pré-frontal e o sistema límbico. Através de técnicas de imagem cerebral, os cientistas podem identificar padrões de atividade cerebral associados a pensamentos negativos e, assim, compreender melhor sua origem e impacto.

A prática da atenção plena (mindfulness) também desempenha um papel importante na identificação de pensamentos ruins. Ao cultivar a consciência do momento presente, as pessoas aprendem a observar seus pensamentos sem julgamento, reconhecendo quando pensamentos negativos surgem e permitindo que eles se dissipem naturalmente, em vez de se apegarem a eles.

A prática geralmente envolve focar a atenção na respiração, nas sensações físicas do corpo, nos sons ao redor ou em qualquer aspecto presente no momento. Quando a mente começa a se distrair com pensamentos ou preocupações, o praticante é encorajado a redirecionar gentilmente sua atenção de volta ao objeto de foco, cultivando assim uma maior consciência e presença no momento presente.

A técnica de atenção plena tem suas raízes nas tradições meditativas orientais, mas foi adaptada e incorporada em abordagens terapêuticas ocidentais, como a Terapia Cognitivo-Comportamental, falada anteriormente. Estudos científicos têm demonstrado que a prática regular de atenção plena pode trazer uma série de benefícios para a saúde mental e bem-estar, incluindo a redução do estresse, ansiedade e depressão, melhora do foco e concentração, aumento da resiliência emocional e promoção do autoconhecimento. A técnica pode ser praticada formalmente, reservando um tempo específico para meditação ou exercícios de atenção plena, e também pode ser incorporada às atividades cotidianas, trazendo uma atitude de presença plena e consciência em todas as experiências. A chave para a prática da atenção plena é a não julgamento, cultivando uma postura de aceitação e gentileza consigo mesmo e com os pensamentos e emoções que surgem durante a prática.

Temos também as entrevistas socráticas que são uma técnica de questionamento e reflexão utilizada para explorar e examinar os pensamentos, crenças e suposições de uma pessoa de forma sistemática. Essa abordagem leva o nome do filósofo grego Sócrates, conhecido por seu método de questionamento para estimular a reflexão crítica.

Durante uma entrevista socrática, um facilitador faz uma série de perguntas abertas e direcionadas para ajudar a pessoa a examinar suas próprias ideias e crenças. O objetivo é promover a autorreflexão e desafiar suposições, preconceitos e pensamentos limitantes. As perguntas são projetadas para levar a pessoa a refletir mais profundamente sobre seus próprios pensamentos e descobrir insights e perspectivas diferentes.

As entrevistas socráticas geralmente envolvem perguntas como "Por que você acredita nisso?", "Como você chegou a essa conclusão?" e "Existem outras maneiras de ver essa situação?". O facilitador incentiva a pessoa a examinar as bases de suas crenças e a considerar diferentes pontos de vista, estimulando o pensamento crítico e a exploração de alternativas.

Essa técnica pode ser usada em terapia, aconselhamento, coaching e até mesmo em conversas informais. Ela pode ajudar as pessoas a desafiar pensamentos negativos, crenças limitantes e padrões de pensamento disfuncionais, permitindo que desenvolvam uma visão mais clara e realista das situações e promovendo o crescimento pessoal e a autotransformação

O diário de pensamento, também conhecido como diário reflexivo ou diário de autoconhecimento, é uma ferramenta utilizada para registrar e refletir sobre os pensamentos, emoções, experiências e insights ao longo do tempo. É um espaço pessoal onde você pode explorar seus pensamentos de forma mais profunda e consciente.

Ao escrever em um diário de pensamento, você pode capturar os momentos de sua vida, registrar suas emoções e observar padrões de pensamento recorrentes. Isso pode ajudá-lo a ganhar uma compreensão mais clara de si mesmo, de suas reações e comportamentos, e também a identificar crenças ou pensamentos limitantes que possam estar afetando sua vida de forma negativa.

Há alguns anos, decidi começar a utilizar o diário de pensamento como uma forma de autoconhecimento e reflexão. No início, eu tinha minhas dúvidas sobre como isso realmente funcionaria e se teria algum impacto significativo em minha vida. No entanto, eu estava determinado a explorar essa prática e ver aonde ela me levaria.

Durante muito tempo, eu carreguei comigo um turbilhão de pensamentos, emoções e inquietações. Sentia como se minha mente estivesse constantemente agitada, sem um lugar para se expressar plenamente. Escrever em um diário se tornou uma parte essencial do meu dia a dia. Ao reservar um momento para colocar meus pensamentos no papel, descobri que estava criando espaço para reflexão e introspecção. Era como abrir as portas do meu coração e mente, permitindo que minhas palavras fluíssem livremente.

Cada noite, antes de dormir, eu dedicava alguns minutos para escrever em meu diário de pensamento. Era como se eu estivesse desabafando com um amigo íntimo, mas, ao mesmo tempo, era uma conversa comigo mesmo. Eu compartilhava meus pensamentos, medos, alegrias e frustrações, sem censura.

Com o passar do tempo, comecei a perceber os benefícios dessa prática. O ato de escrever me ajudava a clarear minha mente e a organizar meus pensamentos. Eu conseguia expressar minhas emoções de uma forma que me permitia compreendê-las melhor. Às vezes, eu me surpreendia com as revelações que surgiam enquanto colocava as palavras no papel.

O diário de pensamento também me ajudou a identificar padrões de pensamento negativos que estavam sabotando minha felicidade e meu crescimento pessoal. Eu percebia que certos pensamentos recorrentes estavam me limitando e me impedindo de seguir em frente. Com essa consciência, eu podia começar a desafiar e substituir esses padrões por pensamentos mais positivos e construtivos.

Ao longo dos meses, pude observar meu crescimento e evolução por meio das páginas do meu diário. Era como se eu estivesse acompanhando minha própria jornada de autodescoberta. Aos poucos, percebi que tinha mais clareza sobre quem eu era, o que eu valorizava e o que eu desejava para minha vida.

O diário de pensamento se tornou uma ferramenta essencial para minha saúde mental e bem-estar emocional. Ele me proporcionou um espaço seguro para me expressar, processar minhas emoções e encontrar soluções para os desafios que enfrentava. Além disso, também descobri que reler minhas anotações antigas me trazia inspiração e motivação, pois eu podia ver o quanto eu havia superado e conquistado ao longo do tempo.

Escrever me proporcionou uma sensação de liberdade e alívio. Pude expressar meus sentimentos mais profundos, compartilhar minhas preocupações e sonhos, e desabafar sobre as angústias que me afligiam. Foi como se eu estivesse liberando um peso das minhas costas a cada palavra escrita.

Além disso, o diário de pensamento me ajudou a encontrar clareza e compreensão em meio ao caos mental. Ao revisitar minhas anotações antigas, pude perceber padrões de pensamento, identificar crenças limitantes e descobrir novas perspectivas. Isso me permitiu tomar decisões mais conscientes e conscientes, buscando uma vida mais alinhada com meus valores e desejos mais autênticos.

Hoje, continuo utilizando o diário de pensamento como uma prática regular. Ele se tornou um companheiro fiel em minha jornada de autodesenvolvimento. Cada vez que pego minha caneta e começo a escrever, sei que estou dando um passo importante em direção ao autoconhecimento e ao crescimento pessoal. O diário de pensamento se tornou uma parte essencial de quem eu sou, ajudando-me a viver uma vida mais plena, consciente e autêntica.

Portanto, queridos amigos, encorajo cada um de vocês a experimentar essa prática transformadora. Reserve um tempo todos os dias para se conectar consigo mesmo através das palavras escritas. Não há regras ou expectativas, apenas permita que suas emoções fluam livremente e explore sua mente e coração com sinceridade.

Tenho certeza de que vocês também encontrarão um espaço de cura, crescimento e autoaceitação através do diário de pensamento. É uma jornada íntima e pessoal, mas que pode trazer clareza, insights e até mesmo soluções para os desafios que vocês enfrentam.

Então, peguem uma caneta e um caderno, encontrem um cantinho tranquilo e comecem a escrever. Deixem suas palavras fluírem sem julgamentos, permitindo que sua voz interior seja ouvida. Vocês podem se surpreender com as descobertas que farão e com a transformação que essa simples prática pode trazer às suas vidas.

Existem diferentes abordagens para o diário de pensamento. Alguns preferem escrever livremente, sem se preocupar com a estrutura ou o estilo, apenas deixando os pensamentos fluírem livremente na página. Outros podem optar por utilizar um formato mais estruturado, respondendo a perguntas específicas ou fazendo reflexões sobre tópicos pré-determinados.

O diário de pensamento pode ser uma prática diária ou algo que você faz periodicamente, conforme se sentir inclinado. A chave é reservar um momento tranquilo para escrever, onde você possa se concentrar em seus pensamentos e emoções. À medida que você escreve, pode notar padrões, revelações ou novas perspectivas que podem ajudá-lo a desenvolver um maior autoconhecimento e a tomar decisões mais conscientes em sua vida.

Além disso, o diário de pensamento pode servir como uma ferramenta de autoterapia, permitindo que você expresse suas preocupações, medos, sonhos e aspirações. Também pode ser um espaço para a gratidão, onde você pode registrar as coisas pelas quais é grato em sua vida, cultivando um estado de apreciação e contentamento.

Em resumo, o diário de pensamento é uma prática poderosa que pode ajudá-lo a explorar e compreender melhor a si mesmo, a processar suas emoções, a identificar padrões de pensamento e a cultivar um maior autoconhecimento. É uma ferramenta pessoal que pode ser adaptada de acordo com suas necessidades e preferências individuais.

Lembrem-se, meus amigos, o poder das palavras é imenso. Ao se conectar consigo mesmos através do diário de pensamento, vocês estão dando um passo corajoso em direção ao autodescobrimento e ao crescimento pessoal. Que essa jornada de introspecção os conduza a uma vida mais plena, autêntica e realizada. Estou ansioso para ver as maravilhas que vocês descobrirão dentro de si mesmos.

Agora gostaria de compartilhar com você um pouco sobre as técnicas de relaxamento que descobri ao longo da minha jornada. Durante muitos anos, enfrentei altos níveis de estresse e ansiedade, o que impactava negativamente minha saúde física e mental. Foi então que decidi explorar diferentes técnicas de relaxamento para encontrar um equilíbrio e paz interior.

Uma das técnicas que mais me ajudou foi a respiração profunda. Aprendi a dedicar alguns minutos do meu dia para simplesmente me concentrar na minha respiração, inspirando profundamente e expirando lentamente. Essa prática simples, mas poderosa, me permitiu acalmar minha mente e relaxar meu corpo, especialmente em momentos de tensão.

Outra técnica que se mostrou extremamente eficaz foi o relaxamento muscular progressivo. Ao conscientemente tensionar e relaxar meus músculos em sequência, pude notar como a tensão desaparecia do meu corpo. Era como se eu estivesse liberando todo o estresse acumulado em cada grupo muscular, deixando-me mais leve e tranquilo.

A meditação também desempenhou um papel fundamental na minha jornada de relaxamento. Ao dedicar alguns minutos do meu dia para meditar, consegui acalmar minha mente agitada e encontrar um refúgio de paz interior.

A meditação me ensinou a estar presente no momento presente, aceitando-o com compaixão e sem julgamentos. Além dessas técnicas, explorei outras práticas como visualização guiada, yoga e alongamento, massagem e exercícios físicos. Cada uma delas contribuiu para meu processo de relaxamento e bem-estar, trazendo mais equilíbrio e serenidade para minha vida.

Ao compartilhar essas técnicas com você, espero que você também encontre um caminho para o relaxamento e a tranquilidade. Cada pessoa é única, então encorajo você a experimentar diferentes técnicas e descobrir aquelas que ressoam melhor com você. Lembre-se de que o autocuidado é essencial para uma vida equilibrada, e dedicar um tempo para relaxar e cuidar de si mesmo é um investimento valioso em sua saúde e felicidade.

Essas são apenas algumas das ferramentas utilizadas pela medicina para auxiliar na identificação de pensamentos ruins. Cada pessoa pode encontrar diferentes abordagens e técnicas mais eficazes para si, e é importante procurar o apoio de profissionais de saúde qualificados para orientação personalizada e suporte adequado.

II

Compreendendo a Origem dos Pensamentos

Neste capítulo mergulho em uma reflexão profunda sobre a natureza dos pensamentos e sua origem. Acredito que compreender de onde vêm nossos pensamentos é essencial para cultivar uma mente mais saudável e livre de pensamentos negativos.

Exploro a ideia de que nossos pensamentos são influenciados por uma série de fatores, incluindo nossa experiência de vida, crenças e valores, ambiente social e cultural, entre outros. Ao compreendermos essas influências, podemos começar a questionar a veracidade e utilidade de certos pensamentos, e assim nos libertarmos de padrões de pensamento negativos.

Devemos explorar nossas próprias histórias e experiências para identificar padrões de pensamento que podem estar contribuindo para a tristeza, ansiedade ou outros estados emocionais indesejados. Encorajo-os a se questionarem: de onde vêm esses pensamentos? São baseados em fatos concretos ou são apenas interpretações subjetivas?

Ao explorarmos a origem dos pensamentos, também é importante reconhecer que somos capazes de mudar nossa forma de pensar. Podemos aprender a questionar pensamentos negativos e substituí-los por pensamentos mais positivos e realistas. Essa consciência nos dá o poder de nos libertarmos de padrões de pensamento limitantes e cultivarmos uma mentalidade mais saudável e construtiva.

Os especialistas em psicologia e neurociência oferecem diversas perspectivas sobre a origem dos pensamentos. Embora ainda haja muito a ser explorado nesse campo, existem algumas teorias e evidências que podem nos ajudar a compreender melhor esse processo.

De acordo com a teoria cognitiva, os pensamentos são produtos do processamento mental que ocorre em nosso cérebro. Nossas experiências, memórias, crenças e emoções influenciam a forma como interpretamos e atribuímos significado aos eventos e informações ao nosso redor. Essa interpretação molda nossos pensamentos, sentimentos e comportamentos.

A neurociência também desempenha um papel importante na compreensão da origem dos pensamentos. Estudos mostram que diferentes regiões do cérebro estão envolvidas na geração e processamento dos pensamentos. A atividade neural, os circuitos cerebrais e os neurotransmissores desempenham um papel crucial na formação e expressão dos pensamentos.

É importante destacar que os pensamentos não surgem do nada. Eles são influenciados por fatores internos e externos, como a genética, o ambiente social, as interações interpessoais e as experiências de vida. Além disso, a forma como interpretamos e processamos esses fatores pode moldar nossos pensamentos.

Os especialistas também enfatizam que os pensamentos podem ser moldados e modificados por meio da prática e da conscientização. Técnicas como terapia cognitivo-comportamental, meditação mindfulness e outras abordagens terapêuticas podem ajudar as pessoas a identificarem padrões de pensamento negativos, questioná-los e substituí-los por pensamentos mais positivos e realistas.

Em resumo, os especialistas concordam que a origem dos pensamentos está ligada a uma combinação complexa de fatores internos e externos. Compreender essa origem nos permite questionar e remodelar nossos pensamentos, abrindo caminho para uma mentalidade mais saudável e positiva.

Durante minha jornada de pesquisa e escrita sobre a origem dos pensamentos, mergulhei em um mundo fascinante de descobertas e reflexões. Conversei com especialistas, li estudos científicos e ouvi histórias de pessoas que compartilharam suas experiências pessoais. Cada pedaço de informação contribuiu para a construção de um mosaico mais claro e completo sobre esse intrigante processo mental.

Essa exploração me levou a compreender que os pensamentos não são meros produtos aleatórios da nossa mente. Eles são influenciados por uma complexa interação entre nossas experiências de vida, emoções, crenças, e até mesmo as conexões neurais no nosso cérebro. Ao entender essa interconexão, fui capaz de enxergar como nossas percepções moldam nossos pensamentos, e como nossos pensamentos, por sua vez, influenciam nossas emoções e comportamentos.

Conforme me aprofundava nesse tema, percebi que nossos pensamentos não são estáticos e imutáveis. Eles são maleáveis e podem ser transformados através da conscientização e da prática. Ao compartilhar essas descobertas e reflexões, meu objetivo é capacitar os leitores a compreender a origem dos seus próprios pensamentos. Desejo encorajá-los a questionar as histórias que contam a si mesmos e a desenvolver uma relação mais saudável e compassiva com sua mente. Acredito que ao entender a origem dos pensamentos, podemos cultivar uma mentalidade mais positiva e construtiva, transformando não apenas a maneira como nos percebemos, mas também como nos relacionamos com o mundo ao nosso redor.

Nesta jornada de exploração, descobri que cada pensamento é uma oportunidade de autoconhecimento e crescimento. Ao nos aprofundarmos nesse processo, podemos reescrever a narrativa da nossa mente, liberando-nos dos padrões negativos e encontrando uma maior clareza, paz e bem-estar.

Me lembro de um evento inesperado que ocorreu e que me fez refletir profundamente sobre esse tema. Eu tinha um fiel companheiro de quatro patas, um adorável cachorro chamado Belchior. Ele sempre foi uma fonte de alegria e companheirismo em minha vida, mas em um dia ensolarado, algo aconteceu que mudou minha perspectiva.

Enquanto caminhávamos juntos pelo parque, Belchior se aproximou de outro cachorro, aparentemente amigável, que estava sendo conduzido por seu dono. Para minha surpresa, o outro cachorro reagiu de forma agressiva e atacou Belchior. Ambos os cães começaram a rosnar e a se confrontar, enquanto seus donos lutavam para separá-los.

Enquanto observava essa cena caótica, percebi que os pensamentos imediatamente inundaram minha mente. Medo, raiva e preocupação surgiram em um turbilhão de emoções. No entanto, ao refletir sobre o incidente posteriormente, percebi que esses pensamentos não surgiram do nada. Eles foram influenciados por minhas próprias experiências passadas, pelos relatos de outras pessoas sobre interações negativas entre cães e até mesmo pela exposição a histórias trágicas na mídia.

Essa experiência com Belchior me fez questionar profundamente a origem dos meus próprios pensamentos. Percebi que muitas vezes eles são moldados por eventos passados, crenças arraigadas e até mesmo por influências externas. Essa reflexão me levou a compreender que, assim como os cachorros podem ter suas próprias razões e motivações para agir de determinada forma, nossos pensamentos também podem ser influenciados por uma infinidade de fatores.

Desde então, tenho buscado cultivar uma maior consciência sobre os pensamentos que surgem em minha mente. Através da prática da atenção plena e da auto-observação, tenho aprendido a reconhecer e questionar esses pensamentos, permitindo-me escolher conscientemente quais histórias quero nutrir em minha mente. Essa jornada me ensinou que, embora não possamos controlar todos os eventos que acontecem ao nosso redor, temos o poder de escolher como reagir e interpretar esses eventos. Cada vez que lembro dessa cena, lembro-me da importância de questionar e examinar as histórias que habitam minha mente. Ao fazer isso, posso encontrar uma maior clareza, compaixão e liberdade em relação aos meus próprios pensamentos.

Reconhecendo a Influência dos Pensamentos na Vida

Reconhecer a influência dos pensamentos em nossas vidas é um passo fundamental para cultivar uma mente saudável e um bem-estar duradouro. Muitas vezes, subestimamos o poder dos pensamentos e como eles moldam nossas percepções, emoções e ações diárias. No entanto, quando nos tornamos conscientes dessa influência, abrimos caminho para uma transformação positiva em todas as áreas da nossa vida.

Os pensamentos têm o poder de criar nossa realidade interna e externa. Se alimentamos constantemente pensamentos negativos, autocríticos ou limitantes, é provável que nossa perspectiva seja obscurecida por uma névoa de negatividade. Essa visão distorcida pode afetar nossa autoestima, nossos relacionamentos, nossa motivação e até mesmo nossa saúde física e mental. Por outro lado, quando cultivamos pensamentos positivos, construtivos e empoderadores, somos capazes de enfrentar desafios com maior resiliência, encontrar soluções criativas e desfrutar de uma maior sensação de bem-estar.

Ao reconhecer a influência dos pensamentos, também nos tornamos mais conscientes das histórias que contamos a nós mesmos. Muitas vezes, essas histórias são baseadas em interpretações distorcidas, medos infundados ou crenças limitantes. Ao questionar e desafiar essas histórias, abrimos espaço para uma nova perspectiva, permitindo-nos enxergar possibilidades e oportunidades que antes estavam ocultas.

Além disso, reconhecer a influência dos pensamentos nos dá a capacidade de escolher conscientemente os padrões de pensamento que queremos nutrir. Podemos treinar nossa mente para direcionar a atenção para pensamentos positivos, gratidão, compaixão e amor. Ao fazer isso, podemos cultivar uma mentalidade mais saudável, equilibrada e centrada, que nos capacita a viver uma vida mais plena e significativa.

Portanto, reconhecer a influência dos pensamentos é o primeiro passo para promover mudanças positivas em nossa vida. Ao nos tornarmos conscientes de nossos pensamentos, podemos desenvolver habilidades para questionar, redirecionar e transformar padrões negativos em positivos. Essa conscientização nos capacita a criar uma realidade mais alinhada com nossos valores, objetivos e aspirações, permitindo-nos viver uma vida mais autêntica, feliz e realizada.

Eu tive a oportunidade de aprender e experimentar em primeira mão a profunda influência dos pensamentos na vida. No passado, eu costumava acreditar que os eventos externos eram os únicos responsáveis pela minha felicidade ou infelicidade. Eu me via preso em um ciclo de reações automáticas a situações desafiadoras, sem perceber que minha interpretação dos acontecimentos estava moldando minha realidade.

Foi quando me deparei com a ideia de reconhecer a influência dos pensamentos que comecei a questionar minha forma de enxergar o mundo. Eu percebi que estava constantemente me alimentando de pensamentos negativos, focando nas falhas e dificuldades, o que apenas ampliava meu estresse e insatisfação. Foi um momento de despertar, uma chamada para a ação.

Decidi me aprofundar no estudo da mente e da psicologia, buscando compreender os mecanismos por trás dos padrões de pensamento e como eles afetam nossa experiência de vida. Por meio da prática da atenção plena e da auto-observação, comecei a notar os padrões negativos e autocríticos que se repetiam em minha mente. Percebi que, ao dar espaço para esses pensamentos, estava permitindo que eles ditassem minhas emoções e ações.

Foi um processo gradual, mas à medida que ganhava consciência desses padrões, aprendi a questioná-los. Passei a me perguntar: "Esses pensamentos são realmente verdadeiros?" ou "Eles estão me servindo de alguma forma?" A partir desse questionamento, comecei a desenvolver uma nova perspectiva, enxergando os desafios como oportunidades de crescimento e transformação.

Ao redirecionar minha atenção para pensamentos mais positivos, comecei a cultivar uma mentalidade mais saudável e resiliente. Percebi que podia escolher conscientemente o tipo de pensamentos que nutria em minha mente. Passei a praticar a gratidão diária, reconhecendo as bênçãos em minha vida e valorizando as pequenas coisas. Além disso, adotei práticas de autocompaixão, aprendendo a tratar-me com gentileza e compreensão, mesmo diante dos desafios.

À medida que mergulhava nessa jornada de autoconhecimento e transformação, percebi uma mudança profunda em minha vida. Tornei-me mais consciente de minhas emoções e reações, mais capaz de enfrentar os obstáculos com serenidade e confiança. Descobri que, ao reconhecer a influência dos pensamentos e trabalhar ativamente para cultivar uma mentalidade positiva, pude construir uma vida mais gratificante, equilibrada e cheia de significado.

Compartilho minha jornada e aprendizados com a esperança de inspirar outros a também reconhecerem a influência dos pensamentos em suas vidas. Acredito firmemente que todos nós temos o poder de transformar nossa experiência por meio da maneira como pensamos e interpretamos o mundo ao nosso redor. Ao abraçar essa consciência, podemos nos libertar dos padrões negativos, encontrar uma maior paz interior e criar uma vida plena de alegria, significado e propósito.

Os especialistas destacam a importância de reconhecer a influência dos pensamentos na vida e enfatizam como isso pode impactar significativamente nosso bem-estar emocional e mental. Psicólogos e pesquisadores no campo da psicologia cognitiva e comportamental destacam que nossos pensamentos têm o poder de moldar nossas emoções, comportamentos e percepções da realidade.

Além disso, a neurociência também oferece insights valiosos sobre a influência dos pensamentos na vida. Estudos mostram que nossos pensamentos podem ativar redes neurais específicas em nosso cérebro, o que pode afetar nossa percepção, emoções e comportamentos. Isso significa que, ao cultivar pensamentos positivos e construtivos, podemos fortalecer as conexões neurais associadas a esses estados mentais saudáveis.

Ao desenvolver uma maior consciência dos pensamentos que nutrimos em nossa mente e adotar estratégias para cultivar uma mentalidade positiva e construtiva, podemos alcançar uma vida mais equilibrada, plena e gratificante.

Caros leitores, É hora de encarar um questionário de autoavaliação sobre a influência dos pensamentos em nossas vidas. Mas, antes de prosseguir, deixe-me garantir que este questionário não possui respostas certas ou erradas. Na verdade, o objetivo é explorar nossa própria experiência de forma bem humorada e, é claro, com total sinceridade.

Vamos encarar a verdade: todos nós temos pensamentos estranhos, aleatórios e às vezes até absurdos. Mas aqui está a beleza desse exercício: ao admitir nossos pensamentos mais íntimos e sinceros, podemos começar a compreender como eles moldam nossa realidade.

Como você descreveria a relação entre seus pensamentos e suas emoções? Você acredita que seus pensamentos têm um impacto significativo nas suas emoções diárias?

Quais são alguns padrões de pensamento recorrentes que você percebe em si mesmo(a)? São pensamentos mais positivos e construtivos ou predominam os pensamentos negativos e autocríticos?

Você consegue identificar momentos em que seus pensamentos influenciaram suas ações ou comportamentos de forma negativa? Se sim, como isso afetou sua vida e bem-estar?

Como você lida com pensamentos negativos ou autodestrutivos quando eles surgem? Existe alguma estratégia que você utiliza para desafiar ou substituir esses pensamentos por outros mais positivos?

Em quais situações você acredita que a conscientização dos seus pensamentos poderia trazer benefícios para sua vida? Como você imagina que isso poderia ajudá-lo(a) a alcançar maior equilíbrio emocional e bem-estar?

Lembre-se de responder com sinceridade e use essas questões como ponto de partida para refletir sobre a influência dos pensamentos em sua vida.

IV

Desafiando os Pensamentos Destrutivos

Desafiar os pensamentos destrutivos é um passo fundamental para superar a influência negativa que eles podem exercer sobre nossa vida. Quando nos permitimos ser dominados por pensamentos negativos, nossa perspectiva se torna distorcida e nossas emoções são afetadas de maneira negativa. Mas aqui está a boa notícia: podemos desafiar esses pensamentos e substituí-los por padrões mais saudáveis e construtivos.

Ao desafiar os pensamentos destrutivos, estamos questionando a validade e a veracidade dessas ideias prejudiciais que nos limitam. Começamos a nos perguntar se esses pensamentos são realmente baseados em fatos ou se são apenas produtos de nossas próprias inseguranças e medos. É como se estivéssemos desmontando o argumento desses pensamentos, expondo suas falhas e descobrindo uma perspectiva mais realista.

Ao confrontar nossos pensamentos destrutivos, podemos adotar uma abordagem mais lógica e racional. Podemos fazer perguntas como: "Qual é a evidência real para apoiar esse pensamento?" ou "Existem outras maneiras de interpretar essa situação?". Ao desafiar nossos pensamentos negativos, começamos a encontrar novas perspectivas e a perceber que muitas vezes essas crenças limitantes não são fundamentadas em fatos concretos.

Lembre-se de que desafiar os pensamentos destrutivos requer prática e paciência. Não é algo que acontece da noite para o dia, mas com persistência e determinação, é possível transformar nossos padrões de pensamento e abrir caminho para uma mentalidade mais positiva e saudável.

Como professor, enfrentei muitos desafios ao longo da minha carreira. Lembro-me dos primeiros anos, quando ainda estava aprendendo a arte de lecionar e me deparei com diversas situações que tentaram minar minha confiança e abalar minha determinação. Foi nesse momento que tive que lidar com pensamentos destrutivos que tentavam me convencer de que eu não era bom o suficiente, de que não conseguiria superar os obstáculos e alcançar meus objetivos.

Esses pensamentos negativos surgiam principalmente em momentos de incerteza, quando eu me deparava com dificuldades no planejamento das aulas, na gestão da sala de aula ou até mesmo em momentos de questionamento interno sobre minha escolha profissional. Por diversas vezes, eu me peguei duvidando de minhas habilidades e me sentindo sobrecarregado com as responsabilidades que vinham junto com a profissão de professor.

No entanto, ao longo do tempo, aprendi a desafiar esses pensamentos destrutivos. Percebi que eles eram apenas vozes internas baseadas em medos e inseguranças, e que não representavam a realidade. Com o apoio de colegas de trabalho, mentores e meu próprio processo de auto-reflexão, fui capaz de confrontar essas dúvidas e reconhecer meu valor como educador.

A chave para superar esses pensamentos negativos foi cultivar a autoconfiança e desenvolver uma mentalidade resiliente. Aprendi a me concentrar em meus pontos fortes, a celebrar as pequenas vitórias e a buscar apoio sempre que necessário. Ao desafiar meus pensamentos destrutivos, percebi que eu era capaz de enfrentar os desafios de frente e encontrar soluções criativas para os problemas que surgiam.

Hoje, olhando para trás, vejo como essas experiências moldaram minha jornada como professor. Elas me tornaram mais consciente da importância de desafiar os pensamentos destrutivos não apenas na sala de aula, mas também em todas as áreas da minha vida. Aprendi que acreditar em si mesmo e cultivar uma mentalidade positiva são fundamentais para superar os obstáculos e alcançar o sucesso.

Portanto, se você também está enfrentando pensamentos destrutivos que tentam minar sua confiança e limitar seu potencial, quero lhe dizer que você não está sozinho. É possível desafiar esses pensamentos e encontrar uma nova perspectiva. Lembre-se de que você é capaz de superar qualquer desafio e encontrar sua verdadeira força interior. Acredite em si mesmo e abrace o poder transformador de desafiar os pensamentos negativos.

Durante uma viagem recente, tive a oportunidade de reencontrar alguns amigos queridos. Entre risadas, abraços e histórias compartilhadas, um deles revelou que estava passando por um momento difícil, lutando contra pensamentos destrutivos que o assombravam constantemente. Foi um momento de grande empatia e conexão, pois eu também já havia enfrentado batalhas semelhantes.

Ao longo daquela tarde ensolarada, sentamos em um café aconchegante e começamos a conversar. Ouvir seu relato sincero e corajoso sobre os pensamentos negativos que o consumiam despertou uma chama em mim. Fiquei determinado a ajudá-lo a desafiar esses pensamentos e encontrar um caminho para a superação.

Juntos, mergulhamos em uma jornada de autoexploração, questionando cada pensamento destrutivo que surgia em sua mente. Debatemos suas origens, examinamos a validade de suas afirmações e buscamos evidências concretas que as sustentassem. Passamos horas desvendando a lógica por trás desses pensamentos e revelando as falhas em seu raciocínio.

Através dessa experiência transformadora, meu amigo começou a perceber que muitos dos pensamentos negativos que o atormentavam eram baseados em percepções distorcidas e crenças limitantes. Ele aprendeu a questionar a si mesmo de forma compassiva e a se abrir para novas perspectivas. Juntos, encontramos estratégias para substituir os pensamentos destrutivos por afirmações positivas e encorajadoras.

Essa jornada de desafiar os pensamentos destrutivos não foi fácil, mas foi incrivelmente gratificante. Ver meu amigo encontrar uma nova clareza e leveza em sua mente foi inspirador. Percebemos que, mesmo diante das adversidades, temos o poder de reescrever nossa narrativa interna e moldar nossa visão de mundo de uma maneira mais positiva.

Essa experiência fortaleceu nossa amizade e nos ensinou a importância de enfrentar nossos próprios demônios internos. Aprendemos que desafiar os pensamentos destrutivos é um ato de coragem e autocompaixão. Com persistência e apoio mútuo, descobrimos que é possível encontrar um caminho de cura e crescimento, deixando para trás os grilhões da negatividade e abrindo espaço para uma vida mais plena e feliz.

Ao refletir sobre minhas próprias experiências e aprendizados, gostaria de compartilhar alguns conselhos com vocês, queridos leitores, sobre como lidar com pensamentos destrutivos e desafiar suas limitações internas.

Reconheça a negatividade: O primeiro passo é estar ciente dos pensamentos negativos e destrutivos que surgem em sua mente. Quando você reconhece esses pensamentos, você está no controle e pode começar a questionar sua validade.

Desafie seus pensamentos: Questione a veracidade e a lógica dos pensamentos negativos. Muitas vezes, eles são distorcidos e exagerados. Busque por evidências contrárias e procure uma perspectiva mais realista.

Cultive a autocompaixão: Em vez de se criticar severamente, pratique a autocompaixão. Lembre-se de que todos têm momentos de dúvida e insegurança. Trate-se com gentileza, como você trataria um amigo querido.

Encontre apoio: Busque o apoio de pessoas que você confia, como amigos, familiares ou profissionais de saúde mental. Compartilhe seus sentimentos e preocupações e permita que eles lhe ofereçam suporte e perspectivas positivas.

Cultive uma mentalidade positiva: Trabalhe para desenvolver uma mentalidade mais positiva, focando em seus pontos fortes e nas coisas que você aprecia em si mesmo. Pratique a gratidão diariamente e reconheça as pequenas vitórias.

Pratique a autorreflexão: Tire um tempo para refletir sobre seus pensamentos e emoções. Procure padrões e identifique as situações que desencadeiam pensamentos destrutivos. Use essas reflexões como oportunidades de crescimento pessoal.

Adote práticas de autocuidado: Cuide de si mesmo fisicamente, emocionalmente e mentalmente. Pratique exercícios regulares, alimente-se de forma saudável, durma o suficiente e reserve tempo para atividades que lhe tragam alegria e relaxamento.

Seja paciente e gentil consigo mesmo: Lembre-se de que superar pensamentos destrutivos é um processo contínuo. Não se cobre por resultados imediatos e seja gentil consigo mesmo ao longo do caminho.

Ao seguir esses conselhos, você estará no caminho para desafiar seus pensamentos destrutivos e construir uma mentalidade mais positiva e empoderada. Lembre-se de que você tem o poder de transformar sua perspectiva e encontrar a paz interior. Confie em si mesmo, acredite em seu potencial e abrace o processo de autodescoberta e crescimento. Você é mais forte do que imagina e está pronto para enfrentar qualquer desafio que surgir em seu caminho.

Imagine, meu caro, que os pensamentos destrutivos são como tempestades sombrias que assolam a mente. Eles são nuvens carregadas de preocupações, dúvidas e medos, que podem obscurecer a visão clara do horizonte da vida. Permita-me dizer que, assim como uma tempestade, os pensamentos destrutivos vêm e vão, mas sua força está no poder que lhes concedemos.

Veja, cada pensamento negativo é como uma gota de chuva caindo do céu, ameaçando inundar nossa mente com inquietação. No entanto, assim como um bom telhado protege uma casa da chuva, podemos construir um abrigo interno com sabedoria e discernimento. Podemos reconhecer que essas nuvens passageiras não definem quem somos, e que possuímos a capacidade de observá-las com serenidade.

Portanto, meus amigos, digo a cada um de vocês: permita que cada pensamento destrutivo seja uma oportunidade para fortalecer o telhado do seu ser. Cultive a consciência e o poder de desafiar essas tempestades mentais, lembrando-se de que dentro de você reside uma luz brilhante e calma. Assim, com paciência e determinação, você poderá enfrentar qualquer tormenta mental e encontrar a serenidade, enquanto aprende a dançar na chuva da vida.

V

Cultivando uma Mentalidade Positiva

Cultivar uma mentalidade positiva é como nutrir um jardim cheio de flores radiantes e coloridas. É um processo que requer atenção, dedicação e cuidado constante. Assim como regamos as plantas para que cresçam saudáveis, devemos regar nossa mente com pensamentos positivos e construtivos.

Uma mentalidade positiva não significa ignorar os desafios ou dificuldades da vida, mas sim encará-los de maneira otimista e com resiliência. É escolher enxergar as oportunidades mesmo diante das adversidades. É reconhecer que somos capazes de superar obstáculos e aprender com cada experiência.

Cultivar uma mentalidade positiva envolve praticar a gratidão, buscando apreciar as coisas boas que temos em nossa vida. Envolve também adotar uma postura de autocompaixão, aceitando nossos erros e imperfeições com gentileza. Além disso, é fundamental cercar-se de pessoas positivas e inspiradoras, que nos incentivem a crescer e nos apoiem em nossos objetivos.

Lembre-se de que a mente é como um espelho que reflete nossos pensamentos e emoções. Ao cultivar uma mentalidade positiva, estamos criando um ambiente interno propício para o florescimento pessoal e o bem-estar. Portanto, regue sua mente com pensamentos positivos, cuide das sementes que planta e permita que a beleza e a alegria preencham seu caminho.

Desde a minha infância, tive a sorte de crescer em um ambiente familiar repleto de uma mentalidade positiva e encorajadora. Como filho único, meus pais foram meus principais mentores e modelos de como cultivar uma visão otimista da vida.

Em nossa casa, as palavras de apoio e encorajamento eram constantes. Meus pais sempre me incentivaram a acreditar em mim mesmo, a enfrentar desafios com coragem e a encontrar soluções em meio às dificuldades. Eles me ensinaram que os obstáculos são oportunidades disfarçadas e que, com uma mentalidade positiva, eu poderia conquistar qualquer coisa que me propusesse a fazer.

Ver meus pais enfrentando os altos e baixos da vida com resiliência e otimismo foi uma verdadeira inspiração. Eles não apenas falavam sobre a importância de uma mentalidade positiva, mas também viviam isso em suas próprias vidas. Eles me mostraram que os pensamentos que alimentamos têm o poder de moldar nosso destino, e que escolher o caminho da positividade é um investimento valioso em nossa própria felicidade e sucesso.

Hoje, olho para trás e reconheço o imenso impacto que meus pais tiveram em minha formação. A mentalidade positiva que eles me transmitiram se tornou uma base sólida sobre a qual construí minha vida. Sou grato por sua presença constante e por terem me ensinado a importância de ver o lado bom das coisas, a abraçar desafios como oportunidades de crescimento e a cultivar uma atitude de gratidão.

É com essa bagagem de uma infância marcada pela influência positiva de meus pais que compartilho com você a importância de cultivar uma mentalidade positiva em sua própria jornada. Acredite em si mesmo, enfrente os desafios com coragem e encontre a beleza e a esperança em cada momento. A mentalidade positiva não apenas transforma a forma como enfrentamos a vida, mas também nos capacita a ser fontes de inspiração e apoio para os outros ao nosso redor.

Eu tive a oportunidade de cruzar o caminho com diversas pessoas que irradiavam uma mentalidade positiva. Desde amigos e colegas de trabalho até estranhos que conheci em viagens, fui inspirado por suas perspectivas otimistas e suas habilidades de encontrar o lado bom em cada situação.

Essas pessoas pareciam possuir um brilho especial em seus olhos, uma energia contagiante que iluminava os ambientes ao seu redor. Elas enfrentavam desafios com uma determinação inabalável e, mesmo diante das adversidades, mantinham uma atitude positiva e esperançosa. Ao compartilharem suas histórias de superação e conquistas, pude perceber que a mentalidade positiva não era apenas uma questão de sorte, mas uma escolha consciente.

Refletindo sobre essas experiências, percebi que a mentalidade positiva é um poderoso recurso que todos nós temos ao nosso alcance. É uma lente através da qual enxergamos o mundo, moldando nossa percepção, nossas emoções e nossas ações. Quando optamos por cultivar pensamentos positivos, estamos abrindo portas para um maior autoconhecimento, crescimento pessoal e relacionamentos mais saudáveis.

No entanto, reconheço que manter uma mentalidade positiva pode ser desafiador em meio às pressões e adversidades do dia a dia. É uma prática constante de autoconsciência, reflexão e escolhas conscientes. Não se trata de negar as dificuldades, mas de encontrar maneiras de lidar com elas de forma construtiva e focada nas soluções.

Portanto, convido você a refletir sobre sua própria mentalidade e como ela influencia sua vida. Você está alimentando pensamentos positivos e construtivos? Está encontrando oportunidades de crescimento nas situações desafiadoras? Lembre-se de que a mentalidade positiva não é algo inato, mas uma habilidade que podemos desenvolver ao longo do tempo.

Ao adotar uma mentalidade positiva, você se torna o autor da sua própria narrativa, capaz de transformar desafios em oportunidades e abrir novos horizontes. Permita-se abraçar o poder transformador de uma mentalidade positiva e descubra como isso pode impactar positivamente todas as áreas da sua vida.

Ao observar aqueles que possuem uma fé sólida em algo maior do que eles mesmos, fui levado a uma profunda reflexão sobre a relação entre a crença e a mentalidade positiva. Essas pessoas, independentemente de sua religião ou sistema de crenças, parecem ter uma confiança inabalável de que tudo acontecerá como deveria ser, de que há um propósito maior por trás de cada desafio e de que o futuro reserva algo bom.

Essa perspectiva despertou meu interesse em compreender como a fé pode contribuir para uma mentalidade positiva e, consequentemente, para uma vida mais feliz e plena. Percebi que a fé, em sua essência, oferece um senso de esperança, uma convicção de que existe algo além do imediato e uma confiança de que o universo está conspirando a favor.

Embora nem todos possamos ter uma fé religiosa específica, podemos aprender com essa abordagem. Podemos cultivar a fé em nós mesmos, em nossas capacidades, no poder do amor e na força da perseverança. Podemos acreditar que, mesmo diante dos desafios, somos capazes de encontrar soluções e superá-los. Essa crença não é cega, mas fundamentada em uma mentalidade positiva, na disposição de aprender e crescer com cada experiência.

Portanto, convido você a avaliar sua própria fé, seja ela religiosa ou de outra natureza. Em que você acredita? Qual é a sua convicção sobre o futuro? Lembre-se de que ter uma mentalidade positiva não significa ignorar as dificuldades, mas sim ter a confiança de que, com determinação e resiliência, é possível superá-las.

A fé nos dá a coragem de enfrentar os desafios com esperança, a certeza de que não estamos sozinhos em nossa jornada. Ela nos lembra que a vida é cheia de oportunidades e que cada obstáculo pode ser um trampolim para o crescimento pessoal. Ao adotar essa mentalidade, você estará abrindo-se para um mundo de possibilidades, cultivando uma perspectiva positiva e construindo uma vida baseada na confiança e na esperança.

Que essa reflexão sobre a fé e a mentalidade positiva inspire você a abraçar uma visão otimista da vida, acreditando em seu próprio potencial e na bondade do universo. Lembre-se de que a mudança começa dentro de você, e cada passo em direção a uma mentalidade mais positiva é um passo em direção a uma vida mais gratificante e plena.

Por toda a minha vida, tive o privilégio de cruzar o caminho de três pessoas extraordinárias, cada uma com uma mentalidade positiva única, apesar das diferenças que as separavam.

A primeira delas era uma pessoa profundamente religiosa. Sua fé era evidente em todas as esferas de sua vida. Ela encontrava consolo e inspiração em sua conexão espiritual, confiando que tudo aconteceria de acordo com um plano divino. Sua crença inabalável servia como um farol de esperança mesmo nos momentos mais desafiadores.

Sua mentalidade positiva era um exemplo vivo de como a fé pode moldar nossa perspectiva e nos fortalecer diante das adversidades.

A segunda pessoa não era religiosa, mas irradiava uma autoconfiança invejável. Ela acreditava firmemente em suas habilidades e talentos, e sabia que era capaz de enfrentar qualquer desafio que a vida lhe apresentasse. Sua mentalidade positiva estava enraizada na convicção de que ela tinha o poder de moldar seu próprio destino. Sua atitude positiva diante das dificuldades a impulsionava a buscar soluções criativas e a transformar obstáculos em oportunidades de crescimento.

Por fim, havia um amigo próximo da faculdade. Ele tinha um espírito alegre e uma perspectiva otimista da vida. Mesmo diante de contratempos e decepções, ele mantinha sua mente focada nas possibilidades e nas experiências positivas que a vida lhe oferecia. Sua capacidade de encontrar beleza nas coisas simples e de apreciar cada momento presente era inspiradora. Sua mentalidade positiva era uma fonte de motivação para mim, lembrando-me constantemente da importância de valorizar as pequenas alegrias do dia a dia.

Essas três pessoas, apesar de suas diferenças, compartilhavam uma mentalidade positiva que as impulsionava na busca por uma vida mais plena e significativa. Elas me ensinaram que a mentalidade positiva não está restrita a um conjunto específico de crenças ou circunstâncias, mas é uma escolha consciente que podemos fazer a cada dia.

Independentemente de suas convicções pessoais, cada uma dessas pessoas tinha em comum a disposição de abraçar a positividade, encontrar significado nas experiências e cultivar uma visão esperançosa do futuro. Suas histórias me inspiraram a adotar uma mentalidade positiva em minha própria jornada, superando obstáculos com coragem e gratidão.

Portanto, convido você a se inspirar nessas pessoas e a buscar sua própria mentalidade positiva, independente de sua religião, crenças ou circunstâncias. Lembre-se de que a positividade é uma escolha diária e que você tem o poder de moldar sua perspectiva e encontrar beleza nas experiências mais simples. Ao fazer isso, você estará abrindo as portas para uma vida mais alegre, realizada e cheia de possibilidades.

Agora, eu te pergunto: você se identifica com alguma dessas pessoas que compartilhei? Talvez você encontre semelhanças em sua própria jornada. Mas, ao mesmo tempo, quero fazer um alerta sobre as companhias negativas que podem minar nossa mentalidade positiva.

Assim como as pessoas que conhecemos podem nos influenciar positivamente, também precisamos estar atentos às influências negativas ao nosso redor. Companhias que constantemente reclamam, propagam pessimismo e desencorajam nossos sonhos podem se tornar verdadeiros obstáculos em nossa busca por uma mentalidade positiva

É essencial cultivar relacionamentos saudáveis e inspiradores, rodear-se de pessoas que acreditam em seu potencial e incentivam seu crescimento pessoal. Ao fazê-lo, você estará construindo uma rede de apoio que fortalece sua mentalidade positiva e o ajuda a superar desafios com confiança e determinação.

Lembre-se de que sua mentalidade é como um jardim: ela precisa ser regada e cuidada constantemente. Isso significa filtrar as influências negativas, buscar inspiração em histórias de sucesso e adotar práticas diárias que nutrem sua mente e espírito. Ao fazer escolhas conscientes em relação às companhias que você mantém, você estará criando um ambiente propício para o florescimento de uma mentalidade positiva e saudável. Então, permita-se rodear de pessoas que compartilham seus valores e visão de mundo, que acreditam em seu potencial e estão dispostas a apoiá-lo em sua jornada. Lembre-se de que você tem o poder de escolher as companhias que o acompanham em sua caminhada. Escolha sabiamente e abrace a positividade que elas podem trazer para sua vida.

Ao adotar uma mentalidade positiva e afastar-se de influências negativas, você estará trilhando um caminho de autoconhecimento, crescimento e realização pessoal. Permita-se viver uma vida repleta de alegria, otimismo e possibilidades infinitas. O poder está em suas mãos, e estou confiante de que você encontrará o equilíbrio e a felicidade que tanto deseja.

VI

Praticando a Aceitação e o Desapego

No início deste capítulo, devo dizer que este é o meu favorito em todo o livro. Sinto uma profunda conexão com a prática da aceitação e do desapego, pois ela teve um impacto significativo em minha própria jornada de vida. Através dessa prática, encontrei um sentido mais profundo de paz e serenidade.

Ao longo dos anos, enfrentei inúmeras situações desafiadoras e momentos de adversidade. No entanto, foi através da prática da aceitação e do desapego que aprendi a me libertar do peso dessas dificuldades e a encontrar uma maneira mais compassiva e tranquila de viver.

Devo confessar que nem sempre foi fácil abraçar essa filosofia. Eu resistia às mudanças e lutava contra as incertezas da vida. No entanto, conforme mergulhava mais fundo nessa prática, comecei a perceber que a resistência só gerava mais sofrimento. Foi quando decidi abraçar a impermanência e aceitar que tudo na vida está em constante mudança.

Ao compartilhar minhas experiências pessoais, histórias de epifania e momentos de transformação, espero inspirar os leitores a se abrirem para essa prática em suas próprias vidas. Essa abordagem me ajudou a encontrar clareza mental, estabilidade emocional e uma conexão mais profunda comigo mesmo e com os outros.

Ao longo deste capítulo, compartilho exercícios e reflexões práticas que me ajudaram a cultivar essa mentalidade. É importante lembrar que essa jornada é contínua e que cada um de nós tem seu próprio ritmo. Podem haver momentos de resistência, dúvida e desafio, mas os benefícios de uma mente mais calma e equânime são recompensadores e valem o esforço.

Seja gentil consigo mesmo à medida que explora a prática da aceitação e do desapego, pois é um processo de autodescoberta e crescimento. Confie que, ao cultivar uma mente mais aberta, flexível e resiliente, você encontrará uma vida mais plena e significativa.

Sinto uma profunda paixão por compartilhar tudo que vivi com você. Esta prática transformadora pode influenciar positivamente todos os aspectos de nossas vidas, e estou animado para testemunhar as mudanças que ela pode trazer para você. Que isso seja o pontapé dessa jornada de autoexploração e crescimento, confiando que a prática da aceitação e do desapego nos guiará para uma vida mais plena e significativa.

Vamos explorar uma habilidade poderosa: aceitar e soltar aquilo que não podemos controlar. Quero lembra que a vida está repleta de circunstâncias imprevisíveis e, muitas vezes, nos encontramos presos em situações que causam angústia, ansiedade e sofrimento.

A aceitação é a chave para encontrar paz interior e lidar de maneira saudável com os desafios da vida. Gostaria de encorajar a abraçar a realidade como ela é, reconhecendo que nem sempre teremos o controle total sobre os acontecimentos. Através da aceitação, somos capazes de liberar a resistência e a luta interna, permitindo que fluamos com mais tranquilidade diante das adversidades.

Além disso, o desapego desempenha um papel fundamental nesse processo. É hora de convidar a questionar nossos apegos e identificar aquilo que nos prende e nos causa sofrimento. Ao soltar essas amarras, ganhamos uma nova perspectiva e uma sensação de liberdade interior. O desapego nos permite valorizar o presente, sem nos prendermos excessivamente a expectativas ou às demandas externas.

Ao final do capítulo, te convido a refletir sobre como podemos incorporar a prática da aceitação e do desapego em nossas vidas diárias. Quero te lembrar que a jornada rumo à aceitação plena pode ser desafiadora, mas recompensadora. Com paciência e persistência, somos capazes de cultivar uma maior paz interior e desfrutar de uma vida mais equilibrada e gratificante. Ao praticarmos a aceitação e o desapego, somos capazes de viver com mais leveza, sabedoria e autenticidade.

Ao explorar o capítulo, é importante destacar o respaldo científico que essa abordagem tem recebido ao longo dos anos. A ciência tem se dedicado a investigar os efeitos da aceitação e do desapego em nossa saúde mental e bem-estar.

Estudos mostram que a prática da aceitação está associada a níveis mais baixos de estresse, ansiedade e depressão. Quando nos permitimos aceitar as circunstâncias da vida como elas são, em vez de resistir ou lutar contra elas, somos capazes de reduzir o sofrimento emocional. A aceitação nos ajuda a reconhecer que nem sempre temos controle sobre as situações que enfrentamos, mas podemos controlar como reagimos a elas.

Da mesma forma, o desapego tem sido objeto de estudo e pesquisa em campos como a psicologia e a neurociência. A prática do desapego envolve soltar as expectativas, os apegos emocionais e a necessidade de controle. Pesquisas mostram que o desapego está relacionado a uma maior resiliência, satisfação com a vida e bem-estar psicológico.

Além disso, estudos têm explorado os efeitos positivos da prática da atenção plena na promoção da aceitação e do desapego. Portanto, ao adotar essa prática, estamos nos beneficiando de um corpo crescente de evidências científicas que respaldam esses conceitos. Compreender que a ciência reconhece os impactos positivos dessas práticas em nossa saúde mental e emocional pode nos dar ainda mais confiança ao embarcar nessa jornada de transformação.

No entanto, é importante ressaltar que a prática da aceitação e do desapego não é uma solução única ou instantânea. Requer esforço, comprometimento e paciência. Cada pessoa terá sua própria experiência e ritmo de progresso ao longo desse caminho. O importante é estar aberto para explorar essas práticas e adaptá-las de acordo com suas necessidades e valores individuais.

Em suma, a ciência tem mostrado consistentemente os benefícios da aceitação e do desapego em nossa vida diária. Ao abraçar essas práticas, podemos fortalecer nossa resiliência emocional, promover uma mentalidade mais positiva e encontrar um maior equilíbrio interior. Portanto, encorajo você a se abrir para essas ideias respaldadas pela ciência e explorar como elas podem enriquecer sua jornada de crescimento pessoal e bem-estar.

Na minha adolescência, experimentei dificuldades significativas quando se tratava de aceitação. Havia tantas coisas com as quais não estava satisfeito em minha vida, e parecia que o mundo estava repleto de coisas que eu nunca poderia ter. Foi uma época de confusão e tristeza, e muitas vezes me senti desamparado diante dessas circunstâncias.

Eu me via comparando minha vida com a de outras pessoas ao meu redor, e isso apenas aprofundava a sensação de insatisfação. Parecia que todos estavam vivendo vidas melhores, mais emocionantes e mais gratificantes do que a minha. Eu me perguntava por que não podia ter as mesmas oportunidades ou desfrutar das mesmas experiências.

No entanto, ao longo do tempo, comecei a perceber que a verdadeira chave para a aceitação não estava em ter tudo o que eu desejava, mas sim em mudar minha perspectiva e encontrar gratidão pelo que já tinha. Foi um processo de aprendizado e autodescoberta que me levou a valorizar as pequenas coisas e encontrar alegria nas situações mais simples.

Percebi que a vida é uma combinação de altos e baixos, e nem sempre podemos ter o controle sobre as circunstâncias que nos cercam. A aceitação veio quando aprendi a abraçar a imperfeição e a incerteza da vida, reconhecendo que a felicidade não estava em ter tudo o que eu queria, mas em aproveitar o que já tinha.

Essa jornada de aceitação não foi fácil. Houve momentos em que me vi lutando contra meus próprios pensamentos e desejos, desejando que as coisas fossem diferentes. Mas gradualmente, fui percebendo que a resistência só aumentava meu sofrimento. Foi necessário cultivar a compaixão por mim mesmo e me lembrar de que eu era o único responsável pela minha própria felicidade.

Ao abraçar a aceitação, pude me libertar das amarras da comparação e da insatisfação constante. Comecei a apreciar as oportunidades que se apresentavam a mim e a encontrar alegria nas pequenas vitórias. Aprendi a celebrar o progresso em vez de me concentrar nas coisas que ainda estavam fora do meu alcance. Hoje, olhando para trás, vejo que aquela jornada de aceitação na adolescência foi um período de crescimento e autodesenvolvimento. As dificuldades que enfrentei me ajudaram a amadurecer e a compreender a importância de aceitar a vida como ela é. Agora, encorajo você a abraçar essa mesma jornada de aceitação, encontrando gratidão e alegria nas pequenas coisas e permitindo-se florescer, mesmo nas circunstâncias mais desafiadoras.

No entanto, devo ressaltar que nem tudo foi um mar de rosas nessa jornada de aceitação. É tudo tão difícil no início quando você percebe o que não pode mudar de jeito nenhum. Quando percebi que algumas realidades estavam fora do meu alcance, foi difícil lidar com a sensação de impotência e frustração. Houve momentos em que me senti derrotado, perguntando-me por que eu não poderia ter as mesmas oportunidades que os outros.

No início, encarar essa realidade foi extremamente cansativo. Sentia-me limitado e incapaz de alcançar certos objetivos. Mas, aos poucos, comecei a compreender que a verdadeira aceitação não significava resignar-me e desistir dos meus sonhos, mas sim encontrar uma maneira de lidar com as limitações impostas pela vida.

Foi necessário um processo de autodescoberta e autocompaixão para lidar com as frustrações e desafios que surgiram ao longo do caminho. Aprendi a valorizar o que era possível alcançar, em vez de me concentrar no que estava fora do meu alcance. Encontrei força e resiliência dentro de mim para superar obstáculos e buscar alternativas criativas para alcançar meus objetivos.

Se você também está enfrentando dificuldades em aceitar certas realidades ou limitações, quero lhe dizer que não está sozinho. É normal sentir-se frustrado e desapontado em alguns momentos. A aceitação não é uma rendição!

Encontre força dentro de você para enfrentar os desafios, busque apoio em sua rede de suporte e esteja aberto a novas possibilidades. Lembre-se de que a jornada de aceitação é única para cada um de nós, e o importante é continuar avançando, buscando crescimento e encontrando significado em cada passo do caminho.

Quando observamos as crianças, podemos aprender muito sobre a natureza da aceitação. Elas possuem uma inocência e uma pureza que as permitem aceitar os outros exatamente como são, sem julgamentos ou preconceitos. Para uma criança, a aceitação é natural e espontânea.

Ao interagir com outras crianças, elas não se importam com a aparência, origem étnica, crenças religiosas ou diferenças sociais. Elas simplesmente se aproximam, brincam e se divertem juntas. A criança não está preocupada com a aceitação dos outros, pois ela própria aceita e valoriza quem é.

No entanto, à medida que crescemos, muitas influências externas começam a moldar nossa visão de mundo e a afetar nossa capacidade de aceitar os outros e a nós mesmos. Começamos a internalizar padrões de beleza, expectativas sociais e normas culturais que nos dizem como devemos ser e como devemos nos encaixar.

Essas influências podem levar-nos a questionar nossa própria aceitação e a buscar constantemente a validação dos outros. Passamos a nos comparar com os padrões irreais que a sociedade impõe, muitas vezes esquecendo-nos de que somos seres únicos e valiosos em nossa própria essência.

É importante resgatarmos a sabedoria das crianças e voltarmos a cultivar uma mentalidade de aceitação genuína. Devemos aprender a aceitar as pessoas em suas individualidades, a valorizar suas diferenças e a reconhecer que a diversidade é o que enriquece o mundo.

Além disso, é essencial nos aceitarmos incondicionalmente. Isso significa abraçar nossas qualidades, virtudes e também nossas imperfeições. Aceitar-se não significa que não podemos buscar melhorias ou crescimento pessoal, mas sim que nos amamos e nos valorizamos em todas as fases do nosso caminho.

Ao redescobrir a capacidade de aceitação que tínhamos na infância, podemos criar relações mais autênticas, harmoniosas e significativas. Podemos nos libertar das amarras do julgamento e da busca incessante por validação externa. Podemos nos tornar mais empáticos, compreensivos e conectados com os outros e conosco mesmos.

Durante a adolescência, vivemos uma fase em que buscamos desesperadamente ser aceitos pelos outros. Queremos nos encaixar em determinados padrões, ser vistos como populares e atrair a aprovação dos nossos pares. É nesse momento que começamos a construir nossa identidade e a forma como nos enxergamos.

No entanto, muitas vezes, essa busca por aceitação pode distorcer nossa percepção de nós mesmos. Colocamos uma pressão enorme sobre nossos ombros para corresponder às expectativas dos outros, mesmo que isso signifique negar quem realmente somos. Ficamos presos em um ciclo de comparação constante, tentando nos encaixar em um molde pré-estabelecido, mesmo que isso vá contra nossa verdadeira essência.

Eu mesmo enfrentei esse desafio durante minha adolescência. Sentia-me constantemente pressionado a ser alguém que não era, a moldar minha personalidade e aparência de acordo com os padrões da sociedade. Acreditava que, se me encaixasse perfeitamente nesses padrões, seria aceito e valorizado pelos outros.

Com o tempo, percebi que essa busca incessante por aceitação externa era um beco sem saída. Nunca conseguia satisfazer todas as expectativas, e mesmo quando o fazia, a sensação de vazio persistia. Foi nesse momento que percebi a importância de olhar para dentro de mim mesmo, de me conhecer verdadeiramente e de valorizar minha autenticidade.

Quando nos aceitamos plenamente, podemos nos libertar da prisão da busca por aprovação externa. Não precisamos mais nos esconder atrás de máscaras ou desempenhar papéis para sermos aceitos. Podemos nos expressar autenticamente, ser fiéis a nós mesmos e atrair pessoas que nos valorizem verdadeiramente pelo que somos.

A adolescência é um momento de descoberta e de construção de identidade. É uma oportunidade para nos conhecermos, explorarmos nossos interesses e paixões, e nos aceitarmos com todas as nossas peculiaridades. É uma jornada de autodescoberta e de amor próprio, em que aprendemos que a verdadeira aceitação vem de dentro de nós mesmos.

Encorajo todos os adolescentes que estão lendo estas palavras a se abrirem para a jornada de se conhecerem, se aceitarem e se amarem incondicionalmente. Lembrem-se de que vocês são únicos e especiais, e que sua autenticidade é seu maior trunfo. Não permitam que a busca por aceitação externa os impeça de abraçar quem realmente são. Tenham coragem de ser vocês mesmos, e verão que a verdadeira aceitação virá naturalmente.

Lembre-se de que a verdadeira aceitação começa em seu coração e em sua mente. Pratique a compaixão consigo mesmo e com os outros, e descubra a beleza e a serenidade que surgem quando cultivamos uma mentalidade de aceitação verdadeira.

Quero contar a você sobre uma amiga muito especial que conheci há alguns anos. Ela sempre foi uma pessoa brilhante, cheia de energia e talentos, mas carregava consigo uma profunda insatisfação com sua aparência física. Essa insatisfação era tão intensa que ela começou a considerar fazer cirurgias plásticas para alterar certos aspectos de seu corpo.

Conversamos longamente sobre sua decisão e eu pude perceber que sua busca por uma transformação física era, na verdade, uma busca por aceitação e amor próprio. Ela acreditava que se pudesse alterar sua aparência, finalmente se sentiria aceita e amada.

À medida que os anos foram se passando, ela começou a reconhecer a beleza que existia dentro dela e a compreender que a aceitação não vinha de uma imagem perfeita, mas sim de uma mentalidade saudável e um amor próprio inabalável. Ela abraçou a jornada de se descobrir e se valorizar, buscando o crescimento pessoal e o desenvolvimento de sua autoestima.

Foi inspirador testemunhar sua jornada de autodescoberta e aceitação. Ela aprendeu a abraçar suas imperfeições e a celebrar suas características únicas. Ao invés de recorrer às cirurgias plásticas, ela decidiu investir em seu bem-estar emocional e mental, buscando o equilíbrio interno e o autocuidado.

Hoje, essa amiga é uma mulher empoderada, confiante e resolvida. Ela se tornou um exemplo vivo de como a aceitação de si mesma pode transformar não apenas a forma como nos enxergamos, mas também como nos relacionamos com o mundo ao nosso redor. Ela irradia uma beleza genuína e inspira os outros a se amarem e se aceitarem como são.

A história dessa amiga é um lembrete poderoso de que a verdadeira aceitação começa dentro de nós. Quando nos permitimos ser autênticos, valorizar nossas qualidades internas e reconhecer que somos seres únicos e especiais, abrimos caminho para uma vida plena de amor próprio e conexões significativas.

Quero compartilhar com vocês um pensamento que tem sido recorrente ao longo deste livro, e é sobre a importância de alguns tópicos que tenho abordado repetidamente. Alguns podem achar que estou sendo insistente, mas acredito que é necessário ressaltar a relevância desses temas na nossa jornada de crescimento e transformação.

Acredito firmemente que certos conceitos não devem ser negligenciados, pois têm um impacto significativo em nossa vida e bem-estar. E um desses conceitos é a aceitação de quem somos e das circunstâncias que enfrentamos.

Por que estou tão incansavelmente falando sobre aceitação? Porque sei, por experiência própria e por observar o impacto nas vidas das pessoas ao meu redor, que a resistência e a luta contra a realidade só nos causam mais sofrimento. É como batermos a cabeça repetidamente contra uma parede e esperar que ela se mova.

Ao aceitarmos quem somos, com nossas virtudes e imperfeições, damos um passo fundamental em direção à paz interior e ao crescimento pessoal. Isso não significa que devemos nos acomodar ou deixar de buscar a melhoria contínua.

Pelo contrário, é reconhecer que somos seres em constante evolução, com nossos altos e baixos, e que tudo faz parte do nosso caminho.

Outro tópico que pode parecer repetitivo, mas é igualmente importante, é o desapego. Desapegar-se de ideias fixas, expectativas excessivas e da necessidade de controle é libertador. Permite que fluamos com mais leveza diante das adversidades, flexibilizando nossa mente e abrindo espaço para novas perspectivas.

Assim como no aprendizado de qualquer habilidade, a prática constante é essencial para que internalizemos esses conceitos e os transformemos em hábitos positivos. É por isso que reitero essas ideias, pois acredito que, ao mantê-las presentes em nossa consciência diária, estaremos mais preparados para enfrentar os desafios e viver com mais plenitude.

Então, peço desculpas se pareço insistente em alguns pontos, mas é porque sei que a importância desses temas vai além das palavras escritas neste livro. E, sinceramente, espero que você, caro leitor, possa incorporá-los em sua vida, encontrando a paz, a serenidade e a alegria que tanto buscamos.

Agradeço pela paciência e pela dedicação em acompanhar essa jornada de reflexão e transformação. Que possamos seguir adiante, abertos ao aprendizado e à aplicação desses princípios em nossa jornada pessoal. Juntos, podemos criar uma vida mais plena, consciente e gratificante.

Agora, gostaria de fazer uma reflexão sobre o tema do desapego. Por que é tão desafiador para nós nos desapegarmos de certas coisas em nossas vidas? Por que nos agarramos a ideias, relacionamentos, objetos e expectativas mesmo quando percebemos que eles não nos servem mais?

O desapego pode ser uma das jornadas mais desafiadoras que enfrentamos. Exige coragem para deixar ir o que está familiar, confortável e conhecido. Mas, ao mesmo tempo, é uma oportunidade incrível de crescimento e liberdade.

Pense em algo que você está segurando com firmeza neste momento. Pode ser um relacionamento que já não traz felicidade, uma crença limitante que o impede de avançar ou até mesmo uma situação do passado que continua a assombrar sua mente. Agora, questione-se: o que aconteceria se você soltasse esse fardo? Como seria sua vida sem essa âncora?

Ao nos desapegarmos, abrimos espaço para o novo, para o desconhecido, para a possibilidade de crescimento e transformação. Podemos descobrir partes de nós mesmos que estavam ocultas sob camadas de apegos. Podemos encontrar um senso renovado de liberdade e paz interior.

Isso não significa que devemos abandonar tudo indiscriminadamente, mas sim praticar a arte de discernir o que é essencial e o que é apenas um fardo desnecessário. Podemos aprender a reconhecer quando estamos nos apegando a algo por medo, insegurança ou simplesmente por hábito.

O desapego nos convida a questionar nossas motivações, a examinar nossas prioridades e a avaliar se o que estamos segurando é verdadeiramente valioso para nosso crescimento e felicidade. É um processo contínuo de autoconhecimento e autotransformação.

Então, convido você a fazer uma pausa e refletir sobre aquilo a que você está se agarrando com tanto afinco. Será que é algo que o está impulsionando para a frente ou algo que o mantém preso ao passado? Será que é algo que lhe traz alegria e satisfação genuínas ou apenas uma ilusão de segurança?

Ao nos desafiarmos a questionar nossos apegos e a praticar o desapego consciente, podemos abrir caminho para uma vida mais autêntica, plena e significativa. Podemos nos libertar das amarras que nos limitam e explorar novos horizontes de possibilidades.

Acredito que essa reflexão pode ser transformadora e nos ajudar a crescer e encontrar mais liberdade em nossas vidas.

Para auxiliá-lo nessa jornada de autoconhecimento, gostaria de convidá-lo a responder a um teste de autoavaliação sobre o desapego. Essas perguntas irão incentivá-lo a examinar suas atitudes, pensamentos e comportamentos em relação ao desapego, e podem trazer insights valiosos sobre si mesmo.

Aqui estão as 10 questões para você refletir:

1. Quais são as áreas da sua vida em que você percebe mais dificuldade em se desapegar?

2. Quais são os medos ou inseguranças que o impedem de se desapegar de certas coisas?

3. Que tipo de pensamentos ou crenças limitantes você identifica em relação ao desapego?

4. Que benefícios você acredita que o desapego pode trazer para sua vida?

5. Quais são os sinais de que você está se apegando demais a algo ou alguém?

6. Como você se sente quando se depara com a ideia de abrir mão de algo que você está segurando?

7. Que estratégias você utiliza atualmente para praticar o desapego em sua vida?

8. Que recursos internos você pode cultivar para fortalecer sua capacidade de se desapegar?

9. Quais são as lições que você aprendeu ao se desapegar de algo ou alguém no passado?

10. Que passos práticos você pode tomar para praticar o desapego de maneira mais consciente em sua vida?

Convido você a responder a essas perguntas com sinceridade e sem julgamentos. Essa autoavaliação pode ser um ponto de partida para uma maior compreensão sobre si mesmo e para o desenvolvimento de uma relação mais saudável com o desapego.

Lembre-se de que o desapego não é um processo instantâneo, mas sim uma jornada contínua. Cada pequeno passo em direção ao desapego pode trazer mais clareza, liberdade e paz de espírito.

Quando era criança, tive que enfrentar o desafio de desapegar de alguns dos meus brinquedos favoritos. Lembro-me da sensação agridoce de ter que escolher quais deles manter e quais doar ou passar para outras crianças.

Naquela época, cada brinquedo tinha um valor especial para mim. Eles representavam aventuras imaginárias, momentos de diversão e até mesmo conexões emocionais. No entanto, conforme crescia, percebi que segurar todos aqueles brinquedos não era prático nem saudável.

O processo de desapego foi uma experiência de aprendizado. Aprendi que, embora os objetos tivessem um significado para mim, eles não eram essenciais para minha felicidade. Entendi que o desapego não significava perder algo, mas sim abrir espaço para novas experiências e oportunidades.

Essa experiência com os brinquedos me fez refletir sobre a natureza do desapego em geral. Percebi que o desapego não se limita apenas a objetos materiais, mas também se estende aos relacionamentos, às expectativas e às ideias pré-concebidas que carregamos.

Ao chegar ao final da adolescência, entrei em uma fase em que me tornei extremamente consumista. Acreditava que a felicidade estava diretamente ligada à quantidade de coisas que possuía. Quanto mais bens materiais acumulava, mais realização e satisfação eu acreditava obter.

No entanto, com o tempo, percebi que essa mentalidade consumista estava apenas gerando uma sensação de vazio e insatisfação constante. Comecei a questionar o verdadeiro significado dessas aquisições e a refletir sobre o impacto que elas tinham na minha vida e no mundo ao meu redor.

Foi então que comecei a explorar o minimalismo como um estilo de vida alternativo. O minimalismo me ensinou a valorizar a qualidade em vez da quantidade, a priorizar experiências significativas em vez de acumular coisas materiais.

A transição para o minimalismo não foi fácil. Requeriu uma mudança profunda na minha mentalidade e na forma como eu me relacionava com as posses materiais. Foi necessário aprender a desapegar do desejo de ter sempre mais e a encontrar satisfação na simplicidade.

A prática do minimalismo me ajudou a eliminar o excesso em minha vida. Reduzi minha coleção de roupas, livros, objetos decorativos e outras posses materiais. Passei a valorizar o espaço vazio e a liberdade que ele proporciona.

A transformação em uma pessoa minimalista também se refletiu na minha rotina de viagens. Ao adotar uma abordagem minimalista, pude desfrutar de uma maior mobilidade e flexibilidade. Minhas bagagens se tornaram mais leves e mais fáceis de administrar, permitindo-me explorar novos lugares sem ser sobrecarregado pelo peso das coisas.

Ao simplificar minha vida e me desvincular do consumismo desenfreado, descobri uma sensação de liberdade e contentamento que nunca havia experimentado antes. O minimalismo me ensinou a valorizar o que realmente importa: conexões pessoais, experiências enriquecedoras e um estilo de vida mais consciente.

Hoje, como defensor do minimalismo, encorajo os leitores a considerarem os benefícios dessa abordagem em suas próprias vidas. Questionem o valor das coisas que possuem, analisem se realmente trazem felicidade duradoura ou se são apenas fontes de estresse e preocupação.

Se você está em busca de uma vida mais simples e significativa, convido-o a explorar o minimalismo como uma ferramenta para desapegar-se do consumismo desenfreado. Lembre-se de que a jornada rumo ao minimalismo é pessoal e única para cada um, e que cada pequeno passo conta.

Desapegar-se não significa negar emoções ou ignorar o valor das coisas. Pelo contrário, trata-se de reconhecer que a vida é fluida e transitória, e que segurar demais pode nos impedir de crescer e encontrar novos caminhos.

Aprendi que o desapego nos permite soltar o peso do passado e abraçar o presente com mais leveza. Ele nos permite fazer escolhas conscientes, valorizar o que realmente importa e cultivar uma mentalidade aberta para o futuro

Que o desafio de se tornar mais minimalista inspire você a encontrar mais felicidade e liberdade na simplicidade, e a descobrir que a verdadeira abundância reside naquilo que não pode ser comprado ou possuído.

Desejo a você uma reflexão profunda e enriquecedora. Que essas questões o inspirem a explorar o poder transformador do desapego em sua vida.

VII

Encontrando o Equilíbrio Emocional

Encontrar o equilíbrio emocional é uma busca constante na vida. É compreender que as emoções fazem parte da nossa experiência humana e que todas elas têm seu propósito e valor. No entanto, é fundamental aprender a lidar com essas emoções de maneira saudável e equilibrada.

Eu penso que o equilíbrio emocional não se trata de eliminar completamente as emoções negativas, mas sim de desenvolver a capacidade de reconhecê-las, acolhê-las e lidar com elas de forma construtiva.

Observei que a chave para encontrar o equilíbrio emocional está em cultivar a consciência e a autocompaixão. É importante observar nossos pensamentos e emoções sem julgamento, permitindo-nos sentir e expressar nossas emoções de maneira saudável.

Praticar a autocompaixão é fundamental nesse processo. Significa tratar a nós mesmos com gentileza e compreensão, reconhecendo que somos seres humanos passíveis de erros e vulnerabilidades. Ao nos acolhermos com compaixão, podemos aprender a lidar de forma mais saudável com as adversidades e desafios emocionais que surgem em nosso caminho.

Buscar o apoio de profissionais de saúde mental, como terapeutas e psicólogos, também pode ser uma decisão sábia para aqueles que desejam desenvolver um maior equilíbrio emocional. Esses profissionais podem fornecer orientação e técnicas específicas para lidar com emoções difíceis e promover um maior bem-estar emocional.

Encontrar o equilíbrio emocional não significa que estaremos livres de desafios ou que não experimentaremos altos e baixos emocionais. É um processo contínuo de autoconhecimento, autocompaixão e prática diária. À medida que cultivamos a consciência, a autocompaixão e a atenção plena, nos tornamos mais resilientes e capazes de enfrentar as dificuldades da vida com maior serenidade e clareza.

É importante ressaltar que não sou o senhor da verdade nem detenho todas as respostas. No entanto, como autor e alguém que está disposto a compartilhar experiências, espero poder oferecer algumas reflexões e perspectivas úteis para aqueles que buscam equilíbrio emocional.

Em um momento particularmente desafiador da minha vida, vivenciei o término de um relacionamento significativo. Esse foi um período de intensas emoções e desequilíbrio emocional, onde me senti perdido e sobrecarregado. As emoções negativas, como tristeza, raiva e frustração, pareciam consumir minha mente.

Ao longo desse processo, aprendi a importância de reconhecer e aceitar minhas emoções. Percebi que reprimir ou ignorar meus sentimentos só os tornaria mais intensos. Em vez disso, comecei a permitir-me sentir e expressar essas emoções de maneira saudável. Isso incluía chorar quando necessário, falar sobre meus sentimentos com pessoas de confiança e buscar apoio emocional.

Além disso, busquei técnicas de autocuidado para ajudar a restaurar o equilíbrio emocional. Praticar exercícios físicos, dedicar tempo a hobbies e atividades prazerosas, e estabelecer uma rotina de sono adequada foram medidas que adotei para cuidar de mim mesmo. Também explorei práticas de relaxamento, como meditação e respiração consciente, que me ajudaram a acalmar a mente e encontrar um estado de equilíbrio interno.

Após mais uma fase de desafios também compreendi a importância de cultivar a compaixão e o amor-próprio. Reconheci que o processo de cura emocional requer paciência e autoperdão. Ao adotar uma postura de gentileza para comigo mesmo, pude desenvolver uma mentalidade mais compassiva e aceitar que momentos de desequilíbrio emocional são parte da jornada humana.

Reconheça suas emoções, permita-se senti-las e procure maneiras saudáveis de expressá-las. Explore práticas de autocuidado que ressoem com você, desde atividades físicas até técnicas de relaxamento. Busque o apoio de profissionais qualificados, como terapeutas, que podem fornecer orientação e suporte nesse processo de equilíbrio emocional. E lembre-se, seja gentil consigo mesmo e permita-se crescer e aprender com cada experiência.

Tive o privilégio de conhecer pessoas incríveis que desempenharam um papel fundamental em minha busca pelo equilíbrio emocional. Essas pessoas são verdadeiramente especiais e suas contribuições são parte essencial deste livro.

Dentre elas, destaco profissionais de diferentes áreas que me ajudaram a compreender melhor a mente humana e a desenvolver ferramentas práticas para alcançar o equilíbrio emocional. Psicólogos, terapeutas e coaches desempenharam um papel crucial em meu caminho, oferecendo sua sabedoria e orientação em momentos de dificuldade.

Além disso, tive a oportunidade de conhecer líderes espirituais e mestres em práticas de meditação e mindfulness. Suas visões de mundo e ensinamentos profundos me inspiraram a explorar as dimensões mais sutis da minha mente e a encontrar um estado de paz interior.

Também encontrei apoio e inspiração em amigos e familiares. Suas palavras encorajadoras, escuta atenta e amor incondicional me lembraram constantemente da importância de nutrir relacionamentos significativos e cercar-me de pessoas positivas.

É importante ressaltar que, embora essas pessoas sejam fontes de orientação e inspiração, a jornada pelo equilíbrio emocional é pessoal e única para cada indivíduo. Cada um de nós enfrenta desafios e encontra suas próprias soluções ao longo do caminho. No entanto, a sabedoria e o apoio dessas pessoas foram fundamentais para me ajudar a trilhar esse caminho com mais clareza e confiança.

Através das histórias e reflexões compartilhadas neste livro, espero que você também encontre inspiração e apoio para sua própria jornada rumo ao equilíbrio emocional. Que as experiências e perspectivas compartilhadas aqui sirvam como um lembrete de que não estamos sozinhos nessa busca, e que há recursos e pessoas valiosas ao nosso redor, prontas para nos ajudar e nos guiar.

Lembre-se de que as conexões humanas são fundamentais, e compartilhar nossas experiências e aprender uns com os outros é um presente poderoso. Portanto, esteja aberto para buscar apoio, compartilhar suas próprias histórias e, acima de tudo, confiar em si mesmo. Acredite em sua capacidade de encontrar o equilíbrio emocional e levar uma vida plena e significativa.

Criando um Diálogo Interno Construtivo

Criar um diálogo interno construtivo refere-se à prática de desenvolver uma conversa interna positiva e benéfica consigo mesmo. É o processo de cultivar pensamentos e palavras internas que sejam encorajadores, motivadores e capacitadores, em vez de autocríticos, negativos ou limitantes.

Muitas vezes, nosso diálogo interno pode ser influenciado por crenças limitantes, medos e experiências passadas. Isso pode levar a um padrão de pensamentos destrutivos, autorrecriminação e falta de confiança. No entanto, quando aprendemos a direcionar e modificar conscientemente nosso diálogo interno, podemos transformar esses padrões negativos em uma voz interna positiva e construtiva.

Criar um diálogo interno construtivo envolve alguns aspectos-chave:

Autoconsciência: É importante estar atento aos pensamentos que surgem em sua mente e como eles afetam suas emoções e comportamentos. Perceba quando seu diálogo interno se torna negativo ou autodepreciativo.

Reframing: Ao identificar pensamentos negativos, pratique o reframing, ou seja, reinterpretar esses pensamentos de uma maneira mais positiva e realista. Substitua autocríticas por afirmações positivas e encorajadoras.

Empoderamento: Cultive pensamentos que o fortaleçam e o motivem a enfrentar desafios. Reforce suas habilidades, talentos e conquistas passadas. Lembre-se de que você é capaz de superar obstáculos e alcançar seus objetivos.

Gentileza e compaixão: Trate-se com gentileza e compaixão, assim como faria com um amigo querido. Esteja ciente de sua autocrítica excessiva e substitua-a por palavras de bondade e compreensão.

Prática diária: Transformar seu diálogo interno leva tempo e prática. Dedique-se a desenvolver uma mentalidade mais positiva, monitorando seus pensamentos e redirecionando-os para um diálogo interno construtivo. Utilize afirmações positivas, visualize o sucesso e lembre-se de que você merece amor, compreensão e apoio, inclusive de si mesmo.

Criar um diálogo interno construtivo não significa ignorar os desafios ou negar emoções negativas. Trata-se de adotar uma perspectiva mais equilibrada, compassiva e capacitadora em relação a si mesmo. Ao fazer isso, você pode aumentar sua autoestima, confiança e resiliência, e melhorar sua qualidade de vida geral.

A ciência e a medicina reconhecem a importância do diálogo interno construtivo para a saúde mental e o bem-estar emocional. Estudos e pesquisas têm mostrado que o modo como pensamos e nos falamos internamente pode ter um impacto significativo em nossa saúde mental, níveis de estresse, capacidade de lidar com desafios e até mesmo na saúde física.

Eu posso citar algumas referências que me ajudaram a criar este conteúdo, cada obra teve sua importância e contribuição. Dentre elas destaco: "Cognitive Therapy and the Emotional Disorders" - Livro de Aaron T. Beck, que apresenta os fundamentos da Terapia Cognitivo-Comportamental (TCC) e sua eficácia no tratamento de transtornos emocionais.

"Self-Talk in the Mental Health Domain: A comprehensive Review" - Um estudo publicado na revista "Clinical Psychology Review", que analisa a relação entre o diálogo interno e a saúde mental, abordando diferentes abordagens terapêuticas e técnicas.

"The neuroscience of positive self-talk" - Um artigo publicado na revista "Trends in Cognitive Sciences", que explora os mecanismos neurais subjacentes ao diálogo interno construtivo e seu impacto na saúde mental e no bem-estar.

"Effects of Self-Talk Training on Anxiety: A Meta-Analysis" - Uma meta-análise publicada na revista "Clinical Psychology Review", que examina os efeitos do treinamento de autodiálogo na redução da ansiedade.

Esses são apenas alguns exemplos de estudos na área, posso mencionar que existem várias pesquisas e estudos conduzidos por psicólogos, neurocientistas e profissionais da saúde mental que exploram o impacto do diálogo interno na saúde e no bem-estar.

Além disso, a neurociência também tem contribuído para o entendimento do impacto do diálogo interno em nosso cérebro e bem-estar. Estudos mostram que pensamentos negativos e autocríticos ativam regiões cerebrais relacionadas ao estresse e à resposta emocional negativa. Por outro lado, a prática de um diálogo interno construtivo, com pensamentos positivos e encorajadores, pode ativar regiões cerebrais associadas à recompensa e bem-estar.

A medicina também reconhece a ligação entre o diálogo interno e a saúde física. O estresse crônico causado por pensamentos negativos e autocríticos pode levar a problemas de saúde, como pressão alta, enfraquecimento do sistema imunológico e distúrbios do sono. Por outro lado, a adoção de um diálogo interno construtivo pode promover uma maior resiliência, melhorando a saúde mental e, por consequência, a saúde física.

Tanto a ciência quanto a medicina apoiam a importância do diálogo interno construtivo como uma ferramenta para melhorar a saúde mental, o bem-estar emocional e a qualidade de vida geral. A prática consciente de cultivar pensamentos positivos e encorajadores pode ter impactos significativos na forma como nos sentimos e nos relacionamos com nós mesmos e com o mundo ao nosso redor.

Durante minha viagem de pesquisa para um projeto, tive a incrível oportunidade de mergulhar no estudo do diálogo interno construtivo. Foi uma jornada transformadora, na qual conheci profissionais e especialistas que compartilharam comigo suas descobertas e insights sobre esse tema tão fascinante.

Uma das experiências mais marcantes foi uma palestra inspiradora ministrada por um renomado psicólogo. Ali, fui apresentado a estudos e evidências científicas que comprovavam o impacto dos nossos pensamentos e da forma como nos falamos internamente em nossa saúde mental e emocional.

Conversando com pessoas que já incorporavam o diálogo interno construtivo em suas vidas, pude testemunhar as transformações pessoais que essa prática pode proporcionar. Suas histórias eram inspiradoras e revelavam como o diálogo positivo pode ajudar a superar desafios, cultivar uma mentalidade positiva e desenvolver uma maior autocompaixão.

Motivado por essas experiências, decidi aprofundar ainda mais meu conhecimento sobre o assunto. Estudei a literatura científica disponível, participei de workshops e treinamentos, e tive a oportunidade de entrevistar outros profissionais e pessoas que aplicavam o diálogo interno construtivo em suas vidas diárias.

Essa jornada de pesquisa me proporcionou uma compreensão mais ampla sobre o diálogo interno construtivo e sua importância para promover o bem-estar emocional. Com base em todas as descobertas e histórias compartilhadas, senti uma forte motivação para compartilhar esses insights e oferecer ferramentas práticas aos leitores, para que também possam cultivar um diálogo interno construtivo e transformador em suas próprias vidas.

Desde a minha infância, sempre fui uma pessoa curiosa e ávida por conhecimento. Passava horas a fio mergulhado em livros de diferentes áreas, absorvendo informações e expandindo minha compreensão do mundo ao meu redor. Esses momentos solitários de leitura me proporcionaram não apenas entretenimento, mas também uma oportunidade de me conectar com diferentes perspectivas e conceitos.

Ao longo dos anos, essa busca incessante por conhecimento me levou a explorar uma ampla gama de tópicos, desde filosofia e psicologia até ciência e espiritualidade. Cada livro que eu lia era como uma porta para um novo mundo, uma oportunidade de expandir meus horizontes e desafiar minhas próprias crenças e ideias preconcebidas.

Foi nesse processo de exploração intelectual que me deparei com o conceito do diálogo interno construtivo. Ao estudar sobre a mente humana e sua influência em nossas emoções e comportamentos, descobri a importância de cultivar um diálogo positivo e saudável com nós mesmos. Percebi que os pensamentos que alimentamos em nossa mente têm o poder de moldar nossa realidade e influenciar significativamente nosso bem-estar emocional.

Essa compreensão despertou em mim um interesse profundo em explorar e compreender o funcionamento do diálogo interno. Comecei a ler livros e artigos científicos sobre o assunto, buscando uma base sólida de conhecimento para embasar minha própria jornada de crescimento pessoal.

Ao longo do tempo, pude experimentar em primeira mão os benefícios do diálogo interno construtivo. Através da prática consciente de substituir pensamentos negativos por pensamentos positivos e encorajadores, fui capaz de transformar minha visão de mundo e melhorar minha qualidade de vida. Percebi que a maneira como nos falamos internamente pode impactar diretamente nosso nível de confiança, motivação e resiliência diante dos desafios que enfrentamos..

Acredito sinceramente que, ao nos tornarmos conscientes de nossos pensamentos e escolhermos intencionalmente palavras e ideias que nos fortaleçam, podemos criar uma base sólida para o crescimento pessoal e a realização de nossos objetivos.

Nossa mente é como um jardim fértil, onde os pensamentos são as sementes que plantamos. Quando cultivamos um diálogo interno construtivo, é como regar esse jardim com amor e cuidado, permitindo que as flores da positividade e da autoestima floresçam. Por outro lado, se permitirmos que pensamentos negativos e autocríticos dominem nossa mente, é como deixar ervas daninhas crescerem e sufocarem as flores delicadas.

Imagine-se caminhando por um jardim encantador. À sua volta, há uma profusão de flores vibrantes e coloridas, exalando um perfume suave e reconfortante. Cada flor representa um pensamento construtivo, cheio de amor-próprio e autoconfiança. Ao contemplar essa paisagem, você sente uma sensação de serenidade e gratidão. No entanto, à medida que continua a caminhar, você percebe algumas ervas daninhas tentando se infiltrar no jardim. Essas ervas daninhas representam os pensamentos negativos e autodepreciativos, que podem minar sua autoestima e diminuir sua felicidade. Rapidamente, você percebe a importância de remover essas ervas daninhas para proteger o equilíbrio e a beleza do seu jardim interior.

Com paciência e determinação, você se dedica a arrancar as ervas daninhas, uma por uma, substituindo-as por sementes de pensamentos positivos. À medida que o jardim é limpo e as flores voltam a florescer, você experimenta uma sensação de renovação e poder interior. A cada pensamento construtivo que cultiva, seu jardim se fortalece, tornando-se um santuário de paz e autenticidade.

Essa metáfora nos lembra da importância de cuidar de nossos pensamentos e cultivar um diálogo interno construtivo. Assim como um jardim requer atenção e cuidado constantes, nossa mente também precisa ser nutrida com pensamentos positivos e amorosos. Ao fazer isso, podemos criar um ambiente mental propício ao crescimento pessoal, à felicidade e à plenitude.

Nutrindo Pensamentos Saudáveis e Fortalecedores

No nono capítulo mergulho fundo na importância de cultivar uma mente positiva e saudável. Nesta parte do livro, compartilho com você reflexões e práticas que irão ajudá-lo a transformar padrões de pensamento negativos em pensamentos mais construtivos.

Eu descobri o poder que os pensamentos exercem sobre nossa vida. Eles podem moldar nossas emoções, influenciar nossos comportamentos e afetar diretamente nosso bem-estar geral. É por isso que é essencial aprender a nutrir pensamentos saudáveis e fortalecedores.

É possível superar pensamentos limitantes e desenvolver uma mentalidade mais positiva. Através de técnicas comprovadas, veremos como é possível transformar gradualmente nossos padrões de pensamento negativos em pensamentos que nos impulsionam e fortalecem.

Uma das práticas fundamentais que abordo é a gratidão. Através dela, aprendemos a valorizar o que já temos em nossa vida, cultivando uma perspectiva positiva e aumentando nossa apreciação pelo presente. Além disso, desenvolvo a importância de utilizar afirmações positivas, que são declarações poderosas que reforçam nossas crenças positivas sobre nós mesmos e nosso potencial.

A visualização criativa é outra ferramenta que eu compartilho nesse capítulo. Ela nos permite criar imagens mentais vívidas e positivas do que desejamos alcançar, ajudando a fortalecer nossa confiança e motivação. Por fim, enfatizo a importância de buscar atividades e relacionamentos que nos inspirem e contribuam para nosso crescimento pessoal.

Convido você a explorar os exercícios e práticas apresentados ao longo desse capítulo. Encorajo a autodescoberta e o crescimento contínuo, pois cada um de nós possui uma jornada única de transformação. Acredito que, ao nutrir pensamentos saudáveis e fortalecedores, você poderá ressignificar suas crenças limitantes e alcançar uma vida mais plena e feliz.

Lembre-se de que o processo de nutrir uma mente positiva é gradual e requer comprometimento. Aplique as técnicas e estratégias conforme suas necessidades e experiências pessoais. Esteja aberto para descobrir o seu poder interior de criar uma realidade mais positiva e gratificante.

A prática da autocompaixão é reconhecida e apoiada pela medicina como uma abordagem benéfica para o bem-estar emocional e mental. Vários estudos têm mostrado os impactos positivos dessa prática na saúde física e psicológica

Falarei algumas técnicas que podem ser úteis para nutrir pensamentos saudáveis. São práticas simples, mas poderosas, que podem fazer uma grande diferença em nossa vida

A prática da autocompaixão é reconhecida e apoiada pela medicina como uma abordagem benéfica para o bem-estar emocional e mental. Vários estudos têm mostrado os impactos positivos dessa prática na saúde física e psicológica.

Ela tem recebido cada vez mais atenção na área da medicina e saúde mental. Os benefícios dessa prática têm sido amplamente estudados e comprovados, e seu impacto positivo na nossa saúde e bem-estar é notável.

Quando falamos de autocompaixão, estamos nos referindo a uma atitude gentil e compassiva em relação a nós mesmos. É a capacidade de reconhecer nossas falhas, frustrações e dificuldades sem nos julgarmos de forma severa ou crítica. Em vez disso, buscamos nos tratar com compreensão, bondade e aceitação.

A medicina reconhece que a autocompaixão desempenha um papel fundamental na promoção da saúde mental e emocional. Estudos têm demonstrado que indivíduos que praticam a autocompaixão tendem a experimentar níveis reduzidos de estresse, ansiedade e depressão. Além disso, eles têm maior resiliência diante dos desafios da vida e uma autoestima mais saudável.

Ao praticar a autocompaixão, estamos nos oferecendo o mesmo tipo de cuidado e apoio que normalmente damos aos outros. Isso inclui sermos gentis conosco mesmos, validar nossas emoções, reconhecer nossas limitações e tratarmos com amor e compaixão.

A autocompaixão também nos ajuda a desenvolver uma maior resiliência emocional. Em vez de nos afundarmos em autocrítica e autodepreciação quando enfrentamos dificuldades, somos capazes de nos dar suporte emocional e nos recuperar de forma mais rápida e eficaz.

Além disso, a autocompaixão fortalece nossos relacionamentos interpessoais. Quando aprendemos a nos tratar com compaixão, naturalmente estendemos essa atitude aos outros. Isso melhora a qualidade de nossas interações e nos torna mais empáticos e solidários.

A prática da autocompaixão pode ser cultivada de diversas maneiras. Isso inclui desenvolver uma atitude mais amável e paciente conosco mesmos, praticar a autorregulação emocional e desenvolver uma mentalidade de autocompaixão diante dos erros e falhas.

O autocuidado é um tema fundamental quando se trata de nutrir pensamentos saudáveis e fortalecedores. Devemos reconhecer a importância de cuidar de si mesmo em todos os aspectos: físico, mental, emocional e espiritual.

Ele envolve a prática de atividades que promovem o bem-estar e a saúde. Isso pode incluir cuidar da alimentação, praticar exercícios físicos regularmente, dormir o suficiente, encontrar tempo para relaxar e descansar, e buscar atividades que proporcionem prazer e satisfação pessoal.

Quando nos dedicamos ao autocuidado, estamos priorizando o nosso bem-estar e mostrando a nós mesmos que merecemos cuidado e atenção. Essa prática fortalece nossa autoestima e autoconfiança, além de contribuir para um estado de equilíbrio e harmonia em nossa vida.

A medicina e a ciência reconhecem os benefícios do autocuidado para a saúde física e mental. Estudos têm demonstrado que pessoas que praticam o autocuidado têm maior qualidade de vida, reduzem o risco de desenvolver doenças crônicas, melhoram a saúde cardiovascular e apresentam níveis mais baixos de estresse e ansiedade.

Além dos aspectos físicos, o autocuidado também envolve cuidar da nossa saúde mental e emocional. Isso pode incluir a prática de técnicas de relaxamento, como meditação e mindfulness, buscar terapias e acompanhamento psicológico, e dedicar tempo para atividades que promovam o equilíbrio emocional, como hobbies e momentos de lazer.

É importante ressaltar que o autocuidado não é um luxo ou algo que devemos fazer apenas quando sobra tempo. É uma necessidade essencial para o nosso bem-estar. Ao cuidarmos de nós mesmos, estamos fortalecendo nossa capacidade de lidar com os desafios do dia a dia, cultivando uma mentalidade positiva e nutrindo pensamentos saudáveis.

Eu recomendo a incorporarem o autocuidado em suas rotinas diárias, lembrando que dedicar tempo e atenção a si mesmo não é egoísmo, mas sim um ato de amor próprio e um investimento em uma vida mais equilibrada, saudável e feliz.

Imagine uma pequena planta delicada em um jarro de cristal. Ela é frágil e precisa de cuidados especiais para crescer e se desenvolver. O jarro representa o seu corpo, enquanto a planta simboliza o seu bem-estar físico, mental e emocional.

Assim como uma planta precisa de água, luz e nutrientes para sobreviver, você precisa cuidar do seu corpo, alimentando-se adequadamente, exercitando-se regularmente e descansando o suficiente. A água que você oferece à planta é a hidratação necessária para manter o seu corpo funcionando de forma saudável.

Além disso, a planta também requer luz solar para realizar a fotossíntese e crescer. Da mesma forma, você precisa de momentos de exposição ao sol, seja através de atividades ao ar livre, passeios relaxantes ou simplesmente absorvendo a energia positiva da natureza.

No entanto, assim como a planta precisa de espaço para suas raízes se espalharem, você também precisa de espaço e tempo para se cuidar emocionalmente. Isso inclui praticar atividades que lhe tragam alegria, passar tempo com pessoas queridas, buscar hobbies e interesses que lhe deem prazer, e dedicar-se à sua saúde mental.

O jarro de cristal que abriga a planta representa a sua responsabilidade em proteger o seu bem-estar. Assim como você cuida do jarro para que ele não quebre, é importante estabelecer limites saudáveis e evitar situações prejudiciais que possam afetar negativamente a sua saúde e felicidade.

Ao praticar o autocuidado, você está regando, nutrindo e protegendo a pequena planta dentro do jarro. E à medida que você se dedica a cultivar esse cuidado, a planta cresce, floresce e se transforma em uma bela manifestação do seu bem-estar total.

Uma forma essencial de autocuidado é reservar um tempo para se dedicar a atividades prazerosas e ter um hobby. É fácil se perder nas demandas diárias e esquecer de cuidar de si mesmo, mas é fundamental lembrar que nossa saúde e bem-estar vão além das obrigações e responsabilidades.

Devemos encontrar um hobby que nos faça vibrar, que nos permita praticar com a mente leve e que nos proporcione momentos de prazer e descontração. Seja pintar, cozinhar, dançar, tocar um instrumento ou qualquer outra atividade que desperte sua paixão, dedique-se a ela sem preocupações ou expectativas. Permita-se explorar, crescer e desfrutar do processo, e deixe que seu hobby seja um refúgio de alegria em meio às demandas do cotidiano.

Ter um hobby é como ter uma válvula de escape para o estresse e as preocupações do dia a dia. É uma atividade que nos traz prazer, nos permite relaxar e nos conecta com aquilo que nos faz felizes. É um momento em que podemos nos desligar das obrigações e responsabilidades e nos dedicar a algo que nos traz satisfação pessoal.

Ao praticar um hobby com a mente leve, estamos dando a nós mesmos a permissão de aproveitar o momento sem cobranças ou pressões. Não se trata de ser o melhor ou de atingir um alto desempenho, mas sim de desfrutar do processo e se divertir no caminho.

Imagine um pintor que pega seus pincéis e tintas e se entrega à arte de criar. Ele não está preocupado em pintar uma obra-prima digna de galerias de arte, mas sim em aproveitar cada pincelada, explorar as cores e expressar sua criatividade. Ele está presente no momento, totalmente imerso na atividade, sem se importar com julgamentos externos ou padrões preestabelecidos.

Da mesma forma, quando praticamos um hobby com a mente leve, estamos abertos a experimentar, aprender e evoluir sem a pressão de resultados imediatos. Podemos nos permitir cometer erros, explorar novas abordagens e descobrir coisas novas sobre nós mesmos.

Ter um hobby também nos ajuda a encontrar um equilíbrio saudável entre trabalho e lazer. É uma forma de cuidar de nós mesmos e investir em nosso bem-estar mental. Ao dedicarmos um tempo para algo que nos traz alegria, estamos nutrindo nossa criatividade, aumentando nossa autoestima e fortalecendo nossa resiliência emocional.

Consumir conteúdos positivos é uma prática fundamental para nutrir nossa mente e promover uma mudança de perspectiva em relação à vida.

Por muito tempo, eu me vi imerso em notícias negativas, programas de televisão desanimadores e redes sociais tóxicas. Esses conteúdos só alimentavam pensamentos negativos, aumentavam minha ansiedade e drenavam minha energia. Foi somente quando decidi fazer uma mudança consciente que percebi o impacto profundo que a escolha dos conteúdos tinha em minha vida.

Ao começar a consumir conteúdos positivos, como livros inspiradores, palestras motivacionais e vídeos edificantes, testemunhei uma transformação notável em minha perspectiva. Esses materiais me incentivaram a adotar uma mentalidade mais positiva, a desenvolver a gratidão e a valorizar as pequenas coisas da vida. Ao expor-me a histórias inspiradoras, exemplos de superação e pensamentos edificantes, encontrei uma fonte renovada de motivação e esperança. Esses conteúdos positivos serviram como um lembrete constante de que a vida é cheia de possibilidades e que posso superar desafios e alcançar o sucesso.

Além disso, percebi que consumir conteúdos positivos também influencia minhas interações sociais. Ao estar cercado de mensagens construtivas e otimistas, sou mais propenso a transmitir essa energia aos outros. Isso cria um ciclo positivo, onde me torno um agente de mudança positiva em meu próprio círculo social.

Outra maneira de se fortalecer é aprender com os desafios. Finalmente entendi que os desafios são oportunidades valiosas de crescimento e aprendizado. No passado, eu costumava temer os desafios e tentava evitá-los a todo custo. No entanto, percebi que essa abordagem apenas limitava meu potencial e me impedia de alcançar grandes conquistas.

Foi quando comecei a abraçar os desafios de frente que descobri seu verdadeiro valor. Cada obstáculo que enfrentei me proporcionou uma oportunidade de aprender mais sobre mim mesmo, minhas habilidades e minhas limitações. Cada dificuldade superada fortaleceu minha resiliência e determinação.

Os desafios também me ensinaram importantes lições de vida. Através das adversidades, aprendi a ser mais paciente, persistente e adaptável. Descobri a importância de ter uma mentalidade de crescimento, onde encaro os desafios como oportunidades de desenvolvimento e não como obstáculos intransponíveis.

Além disso, os desafios me mostraram que o sucesso não vem sem esforço e dedicação. Aprendi a valorizar cada conquista, por menor que seja, e a celebrar o progresso ao longo do caminho. Compreendi que os desafios não são sinais de fracasso, mas sim de que estou me desafiando e buscando alcançar meu pleno potencial.

Durante muitos anos, busquei incansavelmente uma oportunidade de trabalhar em uma empresa renomada em minha cidade. Coloquei todo o meu esforço, dedicação e habilidades em cada aplicação e entrevista, mas parecia que algo sempre dava errado. A frustração tomava conta de mim e eu começava a questionar minhas próprias capacidades.

Cada vez que recebia uma resposta negativa ou não era chamado para uma segunda entrevista, era como se um golpe fosse desferido em minha confiança. Perguntava a mim mesmo o que estava fazendo de errado, por que não era considerado apto para aquela posição que tanto almejava. As dúvidas e inseguranças começavam a se acumular, abalando minha autoestima e minando minha motivação.

No entanto, ao longo desse processo desafiador, aprendi valiosas lições sobre mim mesmo e sobre a importância de persistir diante das adversidades. Descobri que, muitas vezes, as rejeições não eram um reflexo de minha falta de habilidades, mas sim de circunstâncias que estavam além do meu controle.

Aprendi a não me definir pelo número de rejeições que recebia, mas sim pela minha perseverança e resiliência em continuar tentando. Percebi que cada experiência de não ser escolhido me aproximava um passo mais perto da minha oportunidade perfeita. Cada feedback recebido, mesmo que doloroso, me ajudava a crescer e me aprimorar como profissional.

Além disso, percebi que nem sempre a empresa que tanto idealizava era realmente o melhor lugar para mim. Às vezes, o universo tinha outros planos para mim e estava me direcionando para um caminho diferente, onde eu poderia desenvolver meu potencial de maneira ainda mais significativa.

Decidi arriscar e seguir o caminho do empreendedorismo. Estava cansado de me sentir limitado pelas oportunidades de trabalho convencionais e sentia um desejo ardente de colocar minhas ideias em prática. Empolgado com a perspectiva de construir algo próprio, mergulhei de cabeça nessa jornada, determinado a ter sucesso.

No entanto, logo percebi que empreender não era tão fácil quanto eu imaginava. Me deparei com uma série de desafios e obstáculos que não havia previsto. Meus primeiros empreendimentos não decolaram como eu esperava, e me vi enfrentando uma sequência de fracassos. Cada tentativa mal sucedida trazia consigo uma mistura de decepção, frustração e incerteza sobre o meu futuro.

Foi um período difícil, em que me questionei várias vezes sobre o que estava fazendo de errado. Parecia que eu estava preso em um ciclo de tentativa e erro, sem conseguir encontrar a fórmula certa para o sucesso. Cada fracasso parecia uma punição, alimentando meus medos e minando minha confiança. No entanto, à medida que o tempo passava, percebi que essas experiências fracassadas não eram uma prova de minha inadequação, mas sim oportunidades valiosas de aprendizado. Cada erro cometido me ensinou algo novo sobre o mundo dos negócios, sobre minhas próprias habilidades e sobre o que era necessário para ter sucesso.

Aos poucos, comecei a entender que o fracasso fazia parte do processo de crescimento e amadurecimento. Era através dessas tentativas e erros que eu estava me descobrindo, aprendendo minhas fraquezas e encontrando minha própria voz como empreendedor. Cada falha me permitia refletir, ajustar minha abordagem e seguir em frente com uma nova perspectiva.

Foi nesse processo de autoexploração e experimentação que finalmente encontrei minha verdadeira paixão e identidade como empreendedor. Descobri que o segredo não estava apenas em ter uma boa ideia, mas sim em entender meu propósito, identificar as necessidades do mercado e desenvolver uma estratégia sólida.

Hoje, posso olhar para trás e ver como cada fracasso foi fundamental para meu crescimento e sucesso atual. Aprendi a valorizar as lições que o fracasso me ensinou e a abraçar a jornada com humildade e perseverança. Se você também está passando por um período de fracassos e incertezas, saiba que isso faz parte do processo de crescimento. Não tenha medo de experimentar, cometer erros e aprender com eles. Através dos desafios, você pode descobrir sua verdadeira paixão e se encontrar em um caminho que o levará ao sucesso.

Meu conselho para você, caro leitor, é que reserve um tempo para observar seus erros de forma objetiva e questionar se você está investindo seu tempo e energia da maneira correta. Muitas vezes, ficamos presos em padrões de comportamento que não nos levam ao progresso desejado. Podemos estar gastando energia em projetos ou relacionamentos que não nos trazem benefícios significativos.

Ao fazer essa reflexão, é importante ter a coragem de reconhecer que algo não está funcionando e estar disposto a fazer as mudanças necessárias. Pergunte a si mesmo: estou aproveitando ao máximo o meu tempo? Estou investindo em atividades que me trazem alegria, crescimento e satisfação? Ou estou simplesmente seguindo um caminho por comodidade, medo de mudança ou pressão social?

Muitas vezes, o medo do fracasso ou da incerteza nos impede de abandonar projetos ou relacionamentos que já não estão nos servindo. No entanto, é preciso lembrar que cada minuto investido em algo que não está alinhado com nossos objetivos e valores é um minuto desperdiçado.

Ao questionar suas escolhas e avaliar se estão alinhadas com suas metas e propósito, você pode identificar áreas em sua vida que precisam de ajustes. Talvez seja necessário abandonar um projeto que não está dando frutos, deixar de lado um relacionamento tóxico ou repensar suas prioridades e valores. Lembre-se de que é melhor gastar sua energia em algo que traga significado e felicidade do que persistir em algo que não está contribuindo para o seu crescimento pessoal.

Ao abrir mão de algo que não está funcionando, você cria espaço para novas oportunidades e experiências enriquecedoras. Permita-se aprender com seus erros, ajustar sua abordagem e direcionar sua energia para aquilo que realmente importa. O tempo é um recurso valioso, e é importante investi-lo em coisas que nos impulsionem na direção de nossos sonhos e aspirações.

Portanto, não tenha medo de questionar, de se observar de forma crítica e de fazer as mudanças necessárias. Lembre-se de que cada erro é uma oportunidade de aprendizado e crescimento. Seja honesto consigo mesmo e esteja disposto a ajustar seu curso quando necessário. Ao fazer isso, você estará se capacitando para criar uma vida mais significativa e satisfatória.

Vivendo no Presente: Deixando Ir para Abraçar o Futuro

Caros amigos, Chegamos ao último capítulo deste livro, e é com grande satisfação que compartilho com você essa etapa final do processo de libertação dos pensamentos ruins.

Ao longo dos capítulos anteriores, explorei diversas ferramentas e reflexões que podem nos ajudar a transformar nossa mentalidade e encontrar um caminho mais saudável e positivo. Agora, chegou o momento de reunir tudo o que aprendemos e aplicar em nossa jornada de vida.

Se você praticou as etapas anteriores com dedicação e comprometimento, tenho certeza de que já percebeu uma evolução significativa em sua mentalidade e bem-estar. O processo de deixar ir pensamentos ruins e cultivar uma mente saudável e fortalecedora é contínuo, mas com o tempo e a prática, torna-se cada vez mais natural e integrado à nossa vida cotidiana.

Viver no presente é uma das chaves para alcançar uma maior serenidade e satisfação. Quando nos libertamos das amarras dos pensamentos negativos do passado e das preocupações com o futuro, somos capazes de apreciar plenamente o momento presente. Afinal, é no presente que a vida acontece de fato.

No entanto, isso não significa que devemos ignorar completamente o futuro. É importante ter metas e aspirações, planejar e trabalhar em direção a elas. A diferença está em não nos prendermos excessivamente às expectativas e preocupações em relação ao futuro, mas sim em abraçar o presente enquanto avançamos em direção aos nossos objetivos.

Ao adotar uma mentalidade de deixar ir, aprendemos a lidar com os desafios e contratempos de forma mais leve e resiliente. Reconhecemos que nem tudo está sob nosso controle e que, muitas vezes, é necessário soltar o apego às coisas que não podemos mudar. Aceitar a impermanência e fluir com a vida nos permite abraçar o futuro com confiança e flexibilidade.

Nessa jornada, é importante lembrar que cada pessoa progride em seu próprio ritmo. Não se compare com os outros, pois cada um tem sua própria trajetória de evolução. O importante é cultivar uma prática consistente de autotransformação e estar aberto ao crescimento contínuo.

Agora, convido você a refletir sobre sua própria jornada ao longo deste livro. Como você se sente em relação às etapas que exploramos? Você notou alguma mudança em sua maneira de pensar e agir? O que você aprendeu sobre si mesmo?

Lembre-se de que a libertação dos pensamentos ruins é um processo contínuo. Assim como a vida, estamos em constante evolução. Este livro é apenas um ponto de partida, uma inspiração para você iniciar ou aprofundar seu caminho de transformação pessoal.

Viver o presente é mais do que simplesmente existir no aqui e agora. É uma postura de conscientização e entrega total ao momento presente, sem ficar preso ao passado ou preocupado com o futuro.

Quando vivemos o presente, estamos plenamente presentes em cada experiência, saboreando-a e apreciando-a em sua totalidade. Significa estar totalmente envolvido nas atividades que realizamos, prestando atenção aos detalhes, saboreando os sabores, sentindo as texturas, ouvindo os sons e absorvendo as sensações. Viver o presente também envolve estar consciente de nossos pensamentos, emoções e sensações físicas no momento atual. Significa estar em sintonia com o fluxo da vida, aceitando e abraçando o que quer que esteja acontecendo, seja agradável ou desafiador.

Além disso, viver o presente requer uma mente livre de distrações e preocupações desnecessárias. Isso significa deixar de lado as preocupações com o passado, que não podemos mudar, e as ansiedades em relação ao futuro, que ainda não aconteceu. Em vez disso, concentramos nossa atenção no aqui e agora, aproveitando o presente com gratidão e aceitação. Viver o presente também é uma prática de presença consciente. É estar totalmente engajado nas interações com as pessoas ao nosso redor, ouvindo-as com empatia e compreensão. É conectar-se com a natureza e desfrutar dos momentos de tranquilidade e beleza que ela nos oferece. É aproveitar os pequenos prazeres da vida, como um pôr do sol, uma xícara de café quente ou um abraço caloroso.

Quando vivemos o presente, somos capazes de experimentar uma sensação de plenitude e contentamento. Não estamos presos aos arrependimentos do passado ou às preocupações do futuro. Estamos presentes e vivos, aproveitando cada momento como uma dádiva preciosa.

Em última análise, viver o presente é uma escolha consciente que podemos fazer a cada dia. É uma prática contínua que nos convida a deixar de lado as distrações e as preocupações desnecessárias, e nos permite experimentar a plenitude da vida aqui e agora. É uma jornada de autoconsciência, autenticidade e gratidão, que nos conduz a uma vida mais significativa e realizada.

Você está vivendo no presente? Pare um momento e reflita sobre a sua própria experiência.

Muitas vezes, nos pegamos presos em pensamentos sobre o passado ou preocupados com o futuro. Nossas mentes estão constantemente ocupadas, relembrando memórias antigas, planejando o que virá a seguir ou preocupando-se com situações que estão por vir.

No entanto, a verdadeira magia da vida acontece no presente. É no aqui e agora que podemos experimentar plenamente as alegrias, os desafios, as conexões e as descobertas que a vida nos oferece. É onde podemos saborear os pequenos momentos de felicidade, encontrar significado em nossas interações e apreciar a beleza do mundo ao nosso redor.

Então, eu te pergunto novamente: você está vivendo no presente? Está consciente do momento atual, aberto para as experiências que estão acontecendo agora mesmo? Ou está perdido em pensamentos sobre o passado ou preocupado com o futuro?

Se você perceber que está se desconectando do presente com frequência, não se preocupe. A consciência desse padrão já é um passo importante. A partir daí, você pode começar a cultivar a prática de voltar sua atenção para o momento presente.

Pode ser útil dedicar alguns minutos todos os dias para meditar, praticar a atenção plena ou simplesmente fazer uma pausa e observar conscientemente seus pensamentos e sensações. Perceba o que está acontecendo ao seu redor, preste atenção à sua respiração e permita-se estar totalmente presente, mesmo que seja por alguns momentos.

Além disso, busque criar espaços em sua rotina para atividades que o conectem ao presente. Pode ser um passeio na natureza, uma prática criativa, a leitura de um livro inspirador ou qualquer outra atividade que o faça sentir-se imerso no momento.

Lembre-se de que viver no presente não significa ignorar o passado ou negligenciar o futuro. É uma questão de equilíbrio, onde podemos aprender com as experiências passadas e planejar com sabedoria, mas sem nos perdermos nas preocupações e expectativas.

Então, mais uma vez, eu te convido a refletir: você está vivendo no presente? Se não, que tal começar a cultivar essa prática e descobrir a riqueza e a plenitude que o momento presente pode oferecer?

É hora de deixar ir para abraçar o presente e o futuro. Às vezes, carregamos um fardo pesado de pensamentos, emoções e experiências passadas que nos impedem de aproveitar plenamente o momento presente e abraçar as oportunidades que o futuro nos reserva.

Deixar ir não significa esquecer ou negar as experiências que vivemos. Significa liberar o peso emocional e os padrões de pensamento que nos mantêm presos ao passado, impedindo-nos de viver plenamente no presente e criar um futuro mais brilhante.

Para deixar ir, é preciso aceitar que nem tudo está sob nosso controle. Reconhecer que certas coisas estão além do nosso poder de mudança e que é mais saudável e libertador soltá-las. É como soltar um balão amarrado a um peso, permitindo que ele suba livremente para o céu.

Ao deixar ir, abrimos espaço para o novo, para novas experiências, oportunidades e perspectivas. Permitimos que a vida flua em sua própria direção, confiando no processo e na sabedoria do universo.

Isso não significa que devemos simplesmente nos desapegar de tudo e abandonar nossas responsabilidades. Pelo contrário, trata-se de encontrar um equilíbrio saudável entre soltar o que não nos serve mais e assumir o que é importante para o nosso crescimento e felicidade.

Ao abraçar o presente e o futuro, nos permitimos viver com plenitude e intenção. Valorizamos cada momento como uma oportunidade de crescimento, aprendizado e conexão. Olhamos para o futuro com esperança e otimismo, sabendo que somos os criadores da nossa própria história.

Então, queridos leitores, é hora de deixar ir o que não mais lhe serve, de soltar as amarras que o prendem ao passado. Abra os braços e receba o presente com gratidão e abertura, enquanto abraça o futuro com confiança e determinação.

Lembre-se de que você tem o poder de criar uma vida plena e significativa. Libere-se das correntes do passado e mergulhe de cabeça no presente e no futuro que estão à sua espera. É hora de deixar ir para abraçar o que está por vir.

Considerações finais

Havia um homem que encontrou um passarinho preso em uma gaiola. O passarinho cantava tristemente, suas asas estavam encolhidas e seus olhos refletiam a falta de liberdade.

O homem, com um coração cheio de compaixão, decidiu ajudar o passarinho. Com muito cuidado, ele abriu a porta da gaiola e disse ao pássaro: "É hora de voar livremente, meu amigo. Deixe ir o que o mantém aprisionado."

No entanto, o passarinho permaneceu imóvel, olhando para a gaiola com medo e incerteza. Ele havia se acostumado tanto com a segurança da gaiola que a liberdade parecia assustadora.

O homem sorriu gentilmente e compartilhou uma sábia lição: "Assim como você, às vezes nos apegamos a coisas que nos aprisionam, pensamentos negativos, mágoas passadas, medos e preocupações. Mas, para experimentar a verdadeira liberdade, devemos deixar ir o que não nos serve mais."

Com suas palavras, de alguma forma o homem tocou o coração do passarinho. Ele começou a bater suas asas, timidamente no início, mas depois com mais confiança. A sensação do vento em suas penas trouxe uma alegria indescritível, e ele se libertou dos grilhões da gaiola.

O homem observou com admiração enquanto o passarinho voava alto no céu, explorando horizontes desconhecidos. E, naquele momento, ficou claro que deixar ir é permitir que a vida flua em seu curso natural, é abrir espaço para o crescimento, a alegria e a realização.

Assim como o passarinho, todos nós temos a capacidade de deixar ir. Devemos soltar as amarras que nos prendem ao passado, aos padrões de pensamento limitantes e às expectativas irrealistas. Somente quando soltamos essas amarras podemos verdadeiramente voar e alcançar nossos sonhos.

Permita-se ser como o passarinho que encontrou a liberdade. Deixe ir o que o aprisiona e abra suas asas para um mundo de infinitas possibilidades. Voar além das limitações e abraçar a beleza e a magia que o aguardam. É hora de deixar ir e permitir que sua verdadeira essência brilhe intensamente.

Chegamos ao final desta jornada juntos, e quero expressar minha gratidão por ter compartilhado essas páginas com você. Espero sinceramente que este livro tenha sido uma luz em seu caminho, uma fonte de inspiração e uma ferramenta para a transformação positiva em sua vida.

Ao longo deste livro, exploramos os meandros da mente, enfrentamos os pensamentos destrutivos, abraçamos a autocompaixão, cultivamos uma mentalidade positiva e aprendemos a deixar ir o que não nos serve mais. Cada capítulo foi cuidadosamente concebido para guiá-lo em direção ao despertar de uma nova perspectiva.

Acredito que a mudança real começa quando nos comprometemos a tomar consciência de nossos padrões de pensamento e ações. Ao longo dessas páginas, você pode ter se deparado com desafios, questionamentos e momentos de autodescoberta. Cada obstáculo superado e cada lição aprendida são pontos de virada em sua jornada.

Lembre-se de que este livro é apenas um ponto de partida. A verdadeira transformação ocorre quando você leva esses ensinamentos para além das palavras e os aplica em sua vida cotidiana. É necessário dedicar tempo e esforço para nutrir pensamentos saudáveis, praticar a autocompaixão, cultivar uma mentalidade positiva e viver plenamente no presente.

Esteja ciente de que a jornada para uma mente tranquila e uma vida plena é contínua. Pode haver momentos em que você se sinta desafiado ou que caia em velhos padrões de pensamento. Lembre-se de voltar a este livro, releia as páginas que mais ressoaram com você e encontre inspiração para seguir em frente.

Meu desejo é que você se torne o protagonista de sua própria história, vivendo com autenticidade, confiança e alegria. Que você abrace cada desafio como uma oportunidade de crescimento, permitindo que sua luz interior brilhe intensamente.

Agradeço profundamente por ter me permitido fazer parte de sua jornada de transformação. Espero que as sementes plantadas aqui germinem em seu coração e tragam florescimento e felicidade em todos os aspectos de sua vida.

Desejo-lhe paz, sucesso e realização em cada passo de sua jornada.

Com gratidão,

A. Lirens

Referências

Psychology Today. (n.d.). Identifying and Overcoming Negative Thinking. Psychology Today. Recuperado em 8 de junho de 2023, de https://www.psychologytoday.com/us/blog/the-power-prime/202006/identifying-and-overcoming-negative-thinking

Brown, H. (2021). Overcoming Negative Thoughts: A Cognitive Behavioral Therapy Approach. Verywell Mind. Retrieved June 8, 2023, from https://www.verywellmind.com/overcoming-negative-thoughts-4686515

Smith, J. (2019). The Impact of Negative Thinking on Mental Health. Medical News Today. Retrieved June 8, 2023, from https://www.medicalnewstoday.com/articles/325164

Johnson, R. (2020). Identifying Negative Thoughts: A Step-by-Step Guide. PositivePsychology.com. Retrieved June 8, 2023, from https://positivepsychology.com/identifying-negative-thoughts/

Harvard Health Publishing. (2017). Negative Thinking: Stop Negative Thoughts to Reduce Stress. Harvard Health Publishing. Retrieved June 8, 2023, from https://www.health.harvard.edu/mind-and-mood/negative-thinking-stop-negative-thoughts-to-reduce-stress

American Psychological Association. (2019). Strategies for Managing Negative Thinking. American Psychological Association. Retrieved June 8, 2023, from https://www.apa.org/topics/stress/negative-thinking

Mayo Clinic. (2022). Positive Thinking: Stop Negative Self-Talk to Reduce Stress. Mayo Clinic. Retrieved June 8, 2023, from https://www.mayoclinic.org/healthy-lifestyle/stress-management/in-depth/positive-thinking/art-20043950

Mind Tools. (n.d.). Challenging Negative Thoughts and Beliefs: An Introduction. Mind Tools. Retrieved June 8, 2023, from https://www.mindtools.com/pages/article/challenging-negative-thoughts.htm

www.ingramcontent.com/pod-product-compliance
Lightning Source LLC
LaVergne TN
LVHW090051160826
845672LV00015B/1635

* 9 7 8 6 5 0 0 7 2 7 3 7 1 *